就活経済学

社会人必須な経済学エッセンスをイメージで掴み
オンライン面接でも慌てない就活生になる本。

米田　泰隆

東京農業大学出版会

出版社からのコメント（Amazon 等の紹介文として掲載）

「就活の勝因は経済学にあり!」—著者がアドバイスし大手鉄道会社、外資系コンサル企業、メガバンク等金融系、有名IT系企業、国内有数の電気メーカー及び成長著しい家具小売企業に内定した学生達の経験を踏まえ、ES（エントリー・シート）、オンライン面接、資格等で重要なポイントをランキング形式で解説。ビジネスパーソンが無意識で実践する、数ある「○○経済学」のエッセンスをギュッとまとめた、珠玉の一冊！

はじめに

「**経済学を勉強しておけば良かった・・・**」インターンや就職シーズンになると、よく聞く言葉です。慌てて日経新聞を読んでもよく分からない単語ばかりでそっ閉じ。。。よくある話です。一方で、経済学部所属でも「文系学部なのに**奇怪な微分方程式の連発とか、ぴえん！**」と発狂、これもよくある話です。問題は解けたとしても、現実離れした仮定や数値例のため直観に響かず、本当の意味に気付けないことが多いのではないでしょうか。

本書はそんな諸兄姉に贈る、数ある**「〇〇経済学」のエモかわでおいしい結論だけを集めた「それな！」な本**です。数式を排し、多くの例示で「就活」を題材にすることで、経済学のエッセンスを学びながら、**同時にES・面接・資格等で重要なポイントも押さえられる**ようにしました。オンライン講義の受講アンケートで100名を超える満点評価を含め**満足度96%という、絶大な支持を獲得した気鋭の講師による白熱講義**を書籍化！コロナ禍で不確かな時代だからこそ、二手先を読んで早めに就活を考えたい全ての皆さまの第1歩目に!!

本書は大学の15コマ講義を意識して15章立てとし、読みやすいよう各章原則8ページに留めました。全体でも128ページですので、概ね3時間程度で読破可能です。各章は1話完結方式ですので、**興味ある章から読んで頂いても構いません。**

本書は、著者の一橋大学、東京農業大学、文京学院大学、跡見学園女子大学、昭和女子大学および東京成徳大学における講義や留学生チューター指導を元に執筆しております。

加えて、著者が就活のアドバイスを行い、大手鉄道会社、外資系コンサル企業、メガバンク等金融系、有名IT系企業、国内有数の電気メーカー及び成長著しい家具小売企業に内定した学生達の経験も本書に大きく寄与していることをここに記し、深く感謝します。また、お忙しい中、丁寧に表紙や内容のチェックやアドバイスをしてくださった、足立なつみ氏、小笠原奈々ゼミ長、簗場友希氏、青木優氏、伊東里花氏、渡辺綾乃氏をはじめ「ヨネゼミ」の皆さまにも心より御礼申し上げます。但し、残る誤りは全て著者に帰するものです。本書にて経済学にご興味をお持ち頂けた方は、巻末に掲げる参考文献を読み進め、厳密な議論や導出過程の数式・証明を確認してみてください。

それでは、ようこそ経済学の世界へ・・・！

もくじ

はじめに		P.3
もくじ		P.4
第1章	経済学とは　－就活で「経済学」が有効な理由－	P.5-P11
	【就活コラム　essence 1】志望業界の見つけ方	P.12
第2章	ミクロ経済学　－消費経済論と企業経済学（産業組織論）の需給両面－	P.13-P.19
	【就活コラム　essence 2】インターンのすゝめ	P.20
第3章	マクロ経済学　－なぜ「GDP成長率」は常にトップニュースなのか－	P.21-P.27
	【就活コラム　essence 3】WEBテスト・性格テスト	P.28
第4章	計量経済学　－ビッグデータ分析という名のラビリンス－	P.29-P.35
	【就活コラム　essence 4】ES（1）ガクチカ	P.36
第5章	財政学　－公共経済学が明らかにした「政府の存在意義」－	P.37-P.43
	【就活コラム　essence 5】ES（2）志望動機	P.44
第6章	租税法　－国の栄えの泉なる税政の道－	P.45-P.49
	【就活コラム　essence 6】面接（1）面接全般	P.50
第7章	福祉行財政と福祉計画　－対等な「人と人」の敬意と社会保障－	P.51-P.55
	【就活コラム　essence 7】面接（2）GD（グルディス）	P.56
第8章	経済政策　－あの日見た政策の有用性を僕達はまだ知らない－	P.57-P.61
	【就活コラム　essence 8】面接（3）フェルミ推定	P.62
第9章	政治経済学　－近くて遠い「ポリエコ」と「マル経」の相違とは－	P.63-P.67
	【就活コラム　essence 9】面接（4）オンライン動画面接	P.68
第10章	アジアの経済　－BRICsから20年後のアジアの旋風（Emerging Asia）－	P.69-P.73
	【就活コラム　essence 10】資格取得は就活で有効か	P.74
第11章	経営学　－経営学と経済学の似ているところ、似ていないところ－	P.75-P.81
	【就活コラム　essence 11】バイト等課外活動の重要性	P.82
第12章	会計学　－損益計算書と貸借対照表から見えてくるもの－	P.83-P.89
	【就活コラム　essence 12】大学院進学	P.90
第13章	行動経済学　－心理学とのコラボによる経済学進化への深夜急行－	P.91-P.97
	【就活コラム　essence 13】公務員志望	P.98
第14章	経済論文の書き方　－レポートって、そもそもどう書くか説明するね－	P.99-P.103
	【就活コラム　essence 14】本選考の留意点と役員面接	P.104
終　章	恋愛経済学　－就活と恋愛の関連性についての考察－	P.105-P.109
	【就活コラム　final essence】内定後の過ごし方	P.110
各章の推薦書1冊		P.111
参考文献及びURL		P.112
著者担当講義の大学公式授業アンケート結果		P.113
履修者様からのお喜びの声		P.114-P.126
おわりに		P.127

第1章　経済学とは
（Economics）

―就活で「経済学」が有効な理由―

希望とは、元々あるものとも言えぬし、ないものとも言えぬ。それは地上の道のようなものである。**地上にはもともと道はない。歩く人が多くなれば、それが道となる**のだ。

魯迅（1921）『故郷』の最後の一節

第1章　経済学とは　要約

・「経済的」と「経済学的」は、意味が異なる！
・経済学は、二手先を読むことが重要！
・経済学の需給バランスの一例が「分業」！

世界史の勉強的には『阿Q正伝』で有名な魯迅ですが、国語の教科書にもよく載っているという意味では『故郷』も有名ですね。主人公の子ども時代、やんちゃで憧れの存在であった親友の閏玉(ルントウ)や、豆腐屋小町と呼ばれた美人の楊(ヤン)さん。しかし二十年後に戻った「故郷」は、経済的に大きく衰退していました。閏玉(ルントウ)はうやうやしい態度で「旦那様」と呼んでくるわ、楊(ヤン)さんの性格が捻じ曲がっているわ、内面も外見も全く変わり果てていました。このように**「経済」は人間を大きく狂わせる**ものです。**お金があり過ぎても、なさ過ぎても。**

最初の章を魯迅の『故郷』で飾ったのは、もう一つ大きな意味があります。それは、経済学で最も重要なのは、まさにこの「**歩く人が多くなれば、それが道となる**」という真実です。いかに立派に舗装した道を作っても、脇道の方が便利であれば、皆、そちらを歩くでしょう。**自由を尊重する資本主義経済も「需要する人が多くなれば、それが価値となる」**のです。

■「経済的」と「経済学的」は、意味が異なる！

経済学とは、「需要と供給」を本質とする学問です。―たった1行ですが、これが経済学を端的にあらわす説明となります。**「経済的」だと、単に「お金に着目する」**という意味が強いですが、**「経済学的」だと「需給バランスに着目する」**、という意味合いが強くなります。つまり「需給バランスを踏まえ人々の幸せ（効用）の最大化を考える学問」と要約されます。

就活で「経済学」が有効な理由は、主に3点あります。**第一に、純粋に社会は「お金」で回っているから**です。インフレ、金利、損益分岐点等、お金に関する用語を知っていた方が、即戦力になりますからね。**第二に、様々な価値観に触れられる点**です。一人一人に着目するミクロ経済学、集計値で考えるマクロ経済学、統計的に分析する計量経済学等、様々な角度から考察するトレーニングは、**ビジネスで重要な批判的思考（Critical Thinking）を涵養できます。第三に、需給バランスを考える学問**である点です。需給バランス、つまり**ニーズに基づいた「お客様ファースト」**を基本とする**ビジネスパーソンの共通語**とも言うべき考え方です。これが最も重要な点といえます。

需給バランスでは、最終的には資本主義社会の価値の基本「お金」という概念に帰結され、需要が多いもの・供給が少ないものは高額に、一方、需要が少ないもの・供給が多いものは安値になることが一般的です。但し、**経済学はお金に限った話ではありません**。例えば髪型。諸兄姉はどのような「髪型」が良いですか？　**金銭的損得だけでいえば「坊主頭」一択**です。毎日シャンプーしたり、ドライヤーの電気代、寝癖を直す時間も必要がなく、累計で膨大な時間とお金を節約でき、経済的（Economy）ですね。しかし、オシャレの幅を広げ、満足感（経済学的効用）を得るには、**各自好きな髪形の方が経済学的（Economics）**なのです！

■　経済学は、二手先を読むことが重要！

本書で強調したい**経済学で重要な点は「二手読むこと」**と考えます。ここで、一手目とは「自分自身のこと」、**二手目とは「その結果、他者がどう出るか」**です。例えばコロナ禍の初期にマスク不足が深刻で、50枚入り1箱が1万円以上で取引される異常事態がありました。マスク需要の高まりに供給が追い付かなかったための、経済学理論通りの価格調整です。ここに目をつけた某地方議会議員がマスクをヤフオクで販売し、2020年の2/4〜3/6の間で何と888万円の売上を記録しました。これは**「一手目」でいえば、経済学的な需給バランスを読み切った最適行動**です。しかしながら「二手目」ではどうでしょう？単に「高値売れる」としか想像せず「有権者からの強い反発」に思い至っていませんね。次の選挙で厳しい審判を下され**政治家生命が終焉すると、お金の話だけでも年収一千万円**の職を失うこととなります。順調ならあと20年、議員を続けると仮定すると合計2億円、これを目先の888万円で棒に振ったこととなります。加えて、誠実な政治家であったなら得られる**社会的地位も、人々のためにお仕事をする機会も失う**ことも意味しています。

本書を読んでいる**諸兄姉にも、このような危険は常に孕んでいます**。気の合う友達ばかりと遊んでいると、一手目として気楽さはあります。しかし、閉鎖的な集団における自己満足は更なる成長や洞察力を鈍らせるため、二手目の就活時に苦戦する可能性が高まってしまいます。港区女子・パパ活に勤しんでいると、一手目として数万円稼げても、二手目として就活が疎かになり、生涯年収で億単位の損をしてしまうかもしれません。若者が選挙に行かずバイトしていると、一手目としてはバイトで時給を得られるものの、二手目として若者に不利な「Silver Democracy（老人のための民主主義）」が更に進むでしょう。

経済学は需要と供給を本質とする学問のため、**常に相手のニーズを読む必要**があります。その結果「**正しく二手目を読むクセ**」がつけられるため、ビジネスでも非常に有用なのです。

■　経済学の需給バランスの一例が「分業」！

需要と供給によりモノの市場価格が適正水準に自動調整される。これを「**神の見えざる手**」と呼んだのが、産業革命期に『国富論（諸国民の富）』を発表した**アダム＝スミス**氏でした。大学の経済学部は一般に「近代経済学」、「経営学･会計学」及び「経済史･マルクス経済学」に大別され、それぞれ根本思想から全く異なります。ですが、3グループとも、アダム＝スミス氏の影響を受けているため、アダム＝スミス氏は「**古典派経済学の父**」と言われます。

高校世界史でも太字の重要語句で暗記した『**国富論**』。この第一編に書かれているのは、実は変哲もないピン工場のこんなお話です。「ピンを職人が最初から最後まで作ると、どう頑張っても一日20本が限界、**1日1本さえ作れない人**もいる。一方、18種類の製造工程を**10人で分業すると、1日48,000本製造**できている」。分業は、①作業習熟、②次の作業に移る時間の節約、③より便利な機械等の発明しやすさ、の3点で優れており、どんな動物よりも**人類が繁栄できたのはこの社会的分業のお陰**であると指摘しています。この分業、換言すれば、自分の**得意な仕事を「供給」し、別の作業を「需要」**している、とも言えますね。

第Ⅰ章　経済学とは　全体像フローチャート

本書では、1〜5章及び 11 〜 13 章に、学問の全体像フローチャートを設けております。**興味関心の方向性を整理**することや、他の教科書で勉強後の**復習用**にお役立てください。

経　済　学　と　は →【第1章】

<近代経済学（近経系）>

- **ミクロ経済学 →【第2章】**
  - 市場均衡理論
    - 産業組織論(企業経済学)
  - ゲーム理論
  - 公共経済学
    - **政治経済学(ポリエコ) →【第9章】①**
  - 労働経済学
  - 国際経済学(貿易論)
  - 環境経済学
  - 都市経済学
    - 空間経済学
  - 医療経済学(保険論)
- **マクロ経済学 →【第3章】**
  - 国民経済計算(GDP、プライマリーバランス等を含む)
  - 経済モデル
    - 動学モデル(DSGE, OLG モデル等を含む)
    - 静学モデル(ケインジアンモデル等を含む)
  - 経済成長論
  - **財政学 →【第5章】**
    - **租税法 →【第6章】**
    - **福祉行財政と福祉計画 →【第7章】**
    - **経済政策 →【第8章】**
  - 金融論
    - 金融工学(金融ファイナンス)
    - 国際経済学(金融論)
  - 農業経済学
  - 開発経済学
  - 経済物理学
- **計量経済学 →【第4章】**
  - 統計学の基礎
  - 推定（最小二乗法を含む)
  - データサイエンス
    - 実験経済学(ビッグデータ解析等を含む)
    - ベイズ統計学(ディープラーニング等を含む)
- **応用経済学（学際系）**
  - 法と経済学(法学(租税法等)とコラボ)
  - **行動経済学(心理学とコラボ) →【第 13 章】**
  - **恋愛経済学(社会学とコラボ) →【終章】**
  - **就活経済学**（2021 年現在、本書が初めて提唱する概念）

<経済史・マルクス経済学（歴史系）>

- **経済史**
  - **アジアの経済 →【第 10 章】**
  - 日本経済史
    - 中国経済史
    - 西洋経済史
  - 数量経済史(計量分析やゲーム理論的手法を含む)
  - 経済思想史
  - 貨幣史
- **マルクス経済学**
  - **政治経済学(マル経) →【第9章】②**
  - 進化経済学

<経営学・会計学（経営系）>

- **経営学 →【第 11 章】**
  - 経営戦略論
    - マーケティング理論
    - 企業買収(M&A)
  - 社会貢献活動
    - IR 情報 / CSR / ESG / SDGs / ISO14001
    - 技術経営論
    - 生産管理
    - 品質管理
    - 製品開発
      - イノベーション理論
  - 経営組織論
    - 経営管理
      - モチベーション理論
- **会計学 →【第 12 章】**
  - 会計の種類
    - トライアングル体制
    - 企業会計原則(日本版 GAAP)
    - 国際会計(IFRS)
  - 簿記
  - 財務諸表論
  - 原価計算論
    - 原価計算(工業簿記)／管理会計論
  - 商法(会社法)
  - 監査論
  - 公認会計士

経済論文の書き方 →【第 14 章】

第1章　経済学とは　重要用語トップテン

本書では、1~5章及び11~13章に、重要用語トップテンを設けております。前ページの全体像フローチャートから、**特に興味深い用語を10個ピックアップ**し、定義を確認するとともに就活に当てはめた例を添えております。定義については、P.111-P.112に示した、各章の推薦書1冊・参考文献及びURLと、Wikipedia等から適宜引用しております。就活に当てはめた例は、本書オリジナルで、**用語から「エッセンス」を抽出したうえで一般化し、就活に転用**したものです。

但し、この第1章は全体的な説明のため、用語top10ではなく、紙幅の都合もあり本書で取り扱えなかった、有名な「○○経済学」について簡単に紹介します。

	用語	英語名	内容	
①	**労働経済学**	labor economics	定義	**労働市場の働き**を経済学の視点から研究する経済学の一分野。主な論点は、労働需要／供給から、**雇用・賃金・人事の決定要因**を分析等。
②	**環境経済学**	environmental economics	定義	**環境問題を扱う**経済学の一分野。伝統的論点は**環境税、排出権取引、企業の社会的責任**等も、近年、環境の注目度向上により論点も増加傾向。
③	**開発経済学**	development economics	定義	**途上国の経済問題**を分析する経済学の一分野。主な論点は**経済成長、海外直接投資、貧困の罠、農村開発、経済協力（ODA）**等。
④	**国際経済学**	International Economics	定義	**国家間の経済活動**を分析対象とする経済学の一分野。主な論点は**貿易、関税（TPP、RCEP等）、規模の経済、グローバル経済**等。
⑤	**実験経済学**	experimental economics	定義	経済学的な問題に対して**実験的な手法による研究**を行う分野。主な論点は、**アンケートデザイン法、オークション**等。行動経済学と一部重複。
⑥	**農業経済学**	agricultural economics	定義	**農業・農村**について社会科学的側面から研究する学問。主な論点は、**世界の食糧問題、農業技術論、フェアトレード、6次産業化**等。
⑦	**都市経済学**	urban economics	定義	**都市の発展および都市構造の形成過程**を研究・考察する分野。主な論点は、**都市デザイン、不動産、交通、人口、空間解析（GIS）**等。
⑧	**医療経済学**	health economics	定義	**医療制度を扱う**経済学の応用分野。主な論点は、**保険制度、社会保障論、保険市場における逆選択**等。ミクロ・マクロと一部重複。
⑨	**法と経済学**	law and economics	定義	特にミクロ経済学の手法を利用して**法的理論を分析、再解釈**する学問。主な論点は、**契約法、所有権**等。公共経済学と一部重複。
⑩	**経済史**	economic history	定義	**通時的に経済現象を考察**する学問。主に、**地域（西洋経済史等）、制度（産業革命等）、個別内容（貨幣史等）**の、3つの切り口がある。

就活の**志望動機から逆算して、これらの講義を履修することは、非常に戦略的**な考え方といえます。例えば、環境に関連する業種を志望する場合に、「大学で環境経済学を履修し、大変感銘を受けたため」と説明すれば、一定の説得力を得ることができます。この手法は、**①どのような学部・学科に所属していても使える**こと、**②講義を真摯に受講する真面目さ**のアピール、**③面接官と情報の非対称性**=言ったもん勝ち、という3つの利点があります。

3点目について補足すると、**就活では、いかに「自分の土俵で話すか」が重要**になります。逆説的にいえば、例えば「貴社の海外戦略に感銘を受けた」という動機の場合、完全に**相手の土俵といえます。もし公表情報や会社説明資料にある海外戦略に関し、たった一つでも記憶違いのことを言ってしまうと「勉強不足」**の烙印を押されます。

仮に、完璧に暗記して説明できたとしても、現在進行形で活躍する社員の方にとっては、古い情報であったり、非公表情報の方が重要であることも多く、青臭く映ってしまいます。一方、講義が動機であれば、一般的に面接官が不信感を抱く可能性も低いといえます。

第1章　経済学とは　問題演習

本書では、各章に問題演習を設けております。多くの教科書でも章末問題はあるものの、読み飛ばされることも多いのが実情だと思います。それは、解答・解説が淡々とし過ぎて、退屈である場合が多いことに起因していると考えられます。

ですが**効率的に学習するために、インプットより重要なのは実のところ、アウトプット**です。例えば、著名な脳科学者の樺沢紫苑（2018）『学びを結果に変えるアウトプット大全』では、コロンビア大学の研究を引用し、効率的な学習の黄金律「インプット：アウトプット=3：7」を弾き出しました。つまり、アウトプットの方が圧倒的に多いのです！

「いっぱい勉強しているのに結果が出ない。。」とお悩みの方は、概してインプット偏重で、アウトプット習慣がついていないことが多く見受けられます。極端にいえば、インプットは単に自己満足に過ぎず、「社会に出て役に立つ」という観点でも、アウトプットが重要です。**何時間もかけて1冊の本を読んでも、それを3分で端的に説明できるアプトプット能力がなければ、それはその本を「理解している」という域に到達していない**ことを意味します。

尤も、改めてその本を読み、再度3分で説明すると、多くの場合で説明内容は変わります。その本の真のエッセンスまで理解が至るためには、山口真由（2014）『東大首席弁護士が教える超速「7回読み」勉強法』にあるとおり、**一度決めた本を何度も繰り返す**ことが効果的と言われています。英語でも、Duo3.0を繰り返し勉強するだけでも、相当上達します。

もちろん**「興味を持てることを見つける」フェーズでは、様々な価値観に触れる方が大切**と考えられます。故に、大学では「一般教養」があるのです。その中で、興味を持ったことを深め、また、アウトプットをある種の「ゴール」と位置付け、そこから逆算して、最適な勉強の量・質を構築することも、効率的な学習をするうえでは大事ですね。

以上の趣旨を踏まえ、本章では、経済学部の入試問題を見てみましょう。旧帝大の一つ、北海道大学の経済学部3年次編入と大学院入試の試験問題を1問ずつ解説します。

＜2018年8月23日実施　北海道大学経済学部3年次編入＞

問題Ⅱ　以下の（1）～（8）のうち4問を選択し、それぞれ5行程度で答えなさい

（1）ギッフェン財について、代替効果と所得効果を用いて簡潔に説明しなさい

※（2）以下省略

■　解説

用語を説明する問題ですね。この問題では、まずは「4問を選択」「5行程度」という部分に線を引き、（2）～（8）の問題も軽く一読するところから始めましょう。**相手が求めている内容を正確に把握することは、当然のようでいて、何気に見落としがち**です。

この手の論述問題は、**定義をきちんと書くことが重要**です。出題者側は何百枚も採点しなければならないので「**あぁ、この答案はワカッてる!」と思わせれば、流れで満点近く獲得**できる可能性が高まります。今回でいえばギッフェン財が「所得効果＞代替効果」が定義で、また所得効果と代替効果を使う以上、その定義にも言及したいところです。

また、問題文が「代替効果と所得効果を用いて簡潔に説明しなさい」となっているので、**記述する順番も代替効果→所得効果の方が好印象です（心理学でいう「ミラー効果」）**。就活でも、このミラー効果のテクニックは随所で有効なので、会得しておきましょう。

■　以上を踏まえた解答例

代替効果とは、一定の予算の中から2つ以上の商品を消費する時に、ある価格が上がった場合、消費者が他の財に移行する効果のことをさす。一方、所得効果とは、財・サービスの価格の変動が、消費者の実質的な所得を通じて消費量に与える効果のことをさす。

ギッフェン財は、代替効果を所得効果が上回る財のことであり、例えばジャガイモ飢饉時のジャガイモ等、価格が低下するにも関わらず需要も低下する財が挙げられる。

<2019年8月23日実施　北海道大学大学院公共政策学教育部>

専門科目試験問題：ミクロ経済学

1. ある個人の年収は不確実であり、3/5の確率で400万円、2/5の確率で900万円である。この個人が毎年必ずM万円が保証されている保険に加入するとする。この個人の効用関数は以下で表されるとするとき、以下の設問に答えなさい。【各設問15点、合計30点】

$$u(x) = \sqrt{x} \quad (x\text{万円})$$

（1）この個人にとって、上記の保険に加入するためには、Mはどのような値であるべきか？理由を付して答えなさい。

（2）保険会社としては、Mをどのような値に定めるべきか？理由を付して答えなさい。

■　解答・解説

この問題は、一見すると難解そうですが、**高校までの知識と洞察力で何とか解ける**可能性が高い問題です。まず、問題文の「400万円」と「900万円」、そして数式にある「ルートx万円」というあたりを見て、何かピンと来ませんか？　400万円は20×20万円、900万円は30×30万円、つまり**両方ともルートの中に入れても整数**になるのです！

一方の効用は$\sqrt{x}$なので、400万円だった場合は20、期待値は12となります（20×3/5）。同様に900万円だった場合の期待値は12（30×2/5）、故に合計期待効用は24となります。効用が24以上となるのは576万円（24×24）以上の時なので、（1）の**正解はM＝576万円以上**、となります。（2）は、金額の期待値は400万円×3/5＋900万円×2/5＝600万円で、保険会社はリスク中立なので**576万円以上600万円以下に設定**すればWin-Winとなります。

【就活コラム　essence Ⅰ】志望業界の見つけ方

「**本当の自分を探そう**」。就活を考える時よく聞かれる言葉ですね。MCWの輪、すなわちMust（求められること）、Can（やれること）、Will（やりたいこと）が重なるShallという「やるべきこと」を目指すべきとの言葉もあります。でも、**これら言葉は全く意味が無い**と本書では考えます。なぜなら、人は変化する生き物ですから。諸兄姉の中にも、幼き日々に苦手だった**食べ物がいつの間にか全然平気、むしろ無いと物足りない自分**がいませんか？

同様に、世の中も日々変わりゆきます。例えば、国民的アニメの「サザエさん」。フグ田**サザエ氏の年齢は24歳**です！　タラちゃんは3歳ですから、この本をご覧頂いている諸兄姉と同年代の20歳頃に結婚していた計算でしょうか。また、父の**波平氏は54歳！**　今の感覚では、**どう見ても70代**位にみえますね。。。しかしながら、**連載が始まった1946年当時の時代背景では、この設定で普通**だったのです。時間軸だけでなく空間も同様です。例えば、鶏肉。日本ではモモの方が高価でムネ肉は100g29円で売ってたりしますが、アメリカではdark meatと呼ばれるモモより、white meatのムネ肉の方がヘルシー志向で、高価です。

つまり、現時点で心底やりたい仕事に出逢えたり、成長著しい**激アツ業界を志望**しても、時空が変われば**業界自体が死亡**の可能性があります。絶頂を誇ったマスコミ系は、ネットの台頭により窮地に追い込まれています。金融自由化等によって、堅実の代名詞であったメガバンクでさえ週休4日にして賃金を従前の6割に減俸すること検討するに至っています。鉄道・航空・観光系はコロナ禍で壊滅的な打撃を受けており、法科大学院による法曹界増員によって「イソ弁（居候弁護士）」や「ノキ弁（軒先借り弁護士）」にさえなれない「タク弁（自宅警備弁護士）」さえ存在する有様。もちろん、超絶人気女子アナや、半沢直樹ばりにパックマン・ディフェンス炸裂させる銀行員、守旧的JRで時代を拓く象徴として活躍する外国人女性社員、30分相談だけで数万取れるブル弁（ブルジョワ弁護士）も存在はします。ですが、**現代社会は変化の流れが急速**です。「ハンコ？　廃止だ！」「レジ袋？　有料だ！」の一撃で、一生懸命働くハンコ業界もビニール袋業界も、一気に失業の危機となるのです。

■「縁」を大事に

やりたいことが無くとも、今の生活環境を維持するにはご両親並の給与水準が必要です。

ここで、恋愛を考えてみましょう。「いつの日かきっと白馬の王子様が迎えに来てくれる」「カワイ子ちゃんが何人も自分に惚れてくれる」、こう考えていては、高確率で生涯独身と解されます。理想を持つのは良いですが、**理想に拘泥すると、人並みの幸せも遠のき**ます。良い恋愛をする定石は「**相対的に考える**」でしょう。クラスメートのＡさんが素敵、バイト先のＢさんの方がより素敵。そう思ってたら、ボランティアで一緒のＣさんのひたむきさに惹かれて、付き合うことになった。このように、「**多様な経験**をし出逢いの回数を増やす」、「それなりの時間を共有する中で**比較して吟味**する」、「**縁を大事**にする」、これが就職先や志望業界を見つけるうえでも、セオリーと本書では考えます。（essence 2に続く）

第2章　ミクロ経済学（Microeconomics）

−消費経済論と企業経済学（産業組織論）の需給両面−

自分がグレーのＴシャツにこだわるのは**洋服の選択肢をなくし、重要な物事に集中**するためだと説明する。洋服を選ぶ時間を減らすことで、フェイスブック利用者のユーザーエクスペリエンスを高めるためにと時間を増やすことが可能になり、それがいずれは会社の利益につながるとの考えだ。

THE WALL STREET JOURNAL（2014）Facebook 創業者**マーク・ザッカーバーグ**に関する記事

第２章　ミクロ経済学　要約

・ミクロ経済学では市場での需要と供給こそ至高！
・「市場の失敗」に要注意（特に情報の非対称性）！
・ゲーム理論が示す「囚人のジレンマ」！

日本でも「デジタル庁」が新設され、2020年代はITの時代。**世界的IT企業である「GAFA」**の一つ、Facebook創業者のザッカーバーグ氏の保有資産はウン兆円ですから、どんな高級スーツでも買えるはずです。そのザッカーバーグ氏が**グレーのＴシャツを好む**とは何とも庶民的ですね。その理由が「**洋服を選ぶ時間を減らし、お仕事に集中するため**」とは、非常に合理的な、IT社長らしい考え方です。日本でもIT系は服装がラフな場合も多いですね。その中で、**楽天の三木谷社長はスーツ**姿を貫いています。2000年代半ばにプロ野球の球団を新規設立する際、最後にホリエモンを逆転できたのは、保守的な旧来型の球界（政財界）への**「ウケ」が良かった**ためと分析されています。このように服装一つでも「**時間が惜しい**」「旧来型のルールに従う意思の象徴」等、様々な効果があり、故に人々はその立場、戦略、嗜好に応じて消費ニーズが変化します。**常に高価な服が至高、ではない**のです！

■　ミクロ経済学では市場での需要と供給こそ至高！

ミクロ経済学とは、各個人の合理的な行動に着目して分析を行う学問です。具体的には、各個人を「**消費者**」と「**生産者**」に分け、買いたい人と売りたい人がどのように考え、最終的にどのような価格で均衡するのかを分析する「**市場均衡理論**」と、利得が自身および他者の行動に依存する戦略的状況を考える「**ゲーム理論**」の2つに大別されます。学術的最先端という意味では、現在はゲーム理論の方が隆盛ですが、逆にいえば市場均衡理論は、学術的にはほぼ研究し尽された（完成された）分野といえます。よって「ミクロ経済学」と冠する講義や公務員試験等の内容は、**市場均衡理論の計算問題が大半**であることが一般的です。

消費者側を分析する「**消費経済論**」の本質は、簡単にいえば、「**価格↓＝需要↑**」です。もちろん、せっかく旅行したのでより高いもの食べたい等のケースも場合によっては存在しますが、それは単なる海鮮丼にするか、ウニ・イクラてんこ盛り海鮮丼にするかの選択の話であって、**同一の美味しさ・インスタ映え・交通アクセスであれば、普通に価格が安い方を選択**するといえます。食べログ等で事前情報も多く、お客様は年々シビアになっています。

一方、生産者側を分析する「**企業経済学（産業組織論）**」の本質は、簡単にいえば、消費経済論とは真逆に「**価格↓＝供給↓**」です。生産者は一般に、生活をするために働きます。そのため、売上と経費がトントンの「**損益分岐点**」を下回り赤字になると、供給は減ることとなります。それでも、経費のうち**変動費**（e.g. 材料費や雇っている学生のバイト代）以上の売上であれば、利益を**固定費**（e.g. 建設した店舗の借金返済）の一部に充てられるため、続けた方が良い場合もあります。しかし、材料費やバイト代さえ払えない「**操業停止点**」以下の売上になれば、お店を畳むの一択となります。市場経済は、厳しい世界なのです。

■ 「市場の失敗」に要注意（特に情報の非対称性）！

人々の**ニーズを掴めない生産者は市場から退出し、より努力をした生産者が利益を享受**する。この弱肉強食的な考えは、残酷なことでしょうか？ニーズを充足した消費者は満足し、一方の市場から退出した生産者も、①更なる努力で逆転、②別の業種に挑戦、③成功者から税金を徴収した政府が提供するセーフティネットで救済し再起を図る等、**複数の生きる道**が存在します。**消費者も生産者も、どの道を歩くのも自由。一これが資本主義の特徴**です。

しかしながら、これが社会的に**最適といえる大前提は「完全競争市場」**であることです。逆にいえば、不完全競争となる「市場の失敗」がある場合は要注意です。具体的には①**独占**、②**外部性**、③**情報の非対称性**、この3つのケースが市場の失敗と呼ばれます。①は、海鮮丼のお店が1つしかない場合、ウニ・イクラが1粒ずつしか載っていない粗悪な海鮮丼が何と2,000円のボッタクリ丼屋でも、我慢して食べざるを得ません。②は、ウニづくしの海鮮丼が安価で食べられても、それが仮に深刻な水質汚染を伴う大量養殖によるものなら、ウニが多少高くなっても汚染防止フィルターを義務化した方が、消費者の健康にも、社会全体にも、好ましいといえます。③は、ブームが去ってダブついたタピオカを合成着色料「赤102」で着色し「ビッグイクラ丼」と称して販売していたらどうでしょう？　賢明な諸兄姉なら虚偽に気付くかもしれませんが、知識のない消費者は騙されてしまうかもしれません。この**「③情報の非対称性」こそ、現代社会で特に注意が必要**です。検索すればすぐ「正解」に辿り着ける時代。でも、それは**本当の正解ですか？**特定思想に偏ったサイト、都合の良い「事実（Fact）」だけつまみ喰いして「真実（Truth）」を捻じ曲げられたフェイクニュースではありませんか？関連する**終章 P.109 の設問を、まずは答えを見ずに解いて**みてください。

■ ゲーム理論が示す「囚人のジレンマ」！

ミクロ経済学のもう一つ「**ゲーム理論**」にも簡単に触れておきましょう。2人の囚人が別々に取り調べを受け、自白をしたら司法取引で無罪となる以下のケースを考えます。

	囚人B 黙秘	囚人B 自白
囚人A 黙秘	囚人Ａ：懲役 2年 囚人Ｂ：懲役 2年	囚人Ａ：懲役10年 囚人Ｂ：懲役 0年
囚人A 自白	囚人Ａ：懲役 0年 囚人Ｂ：懲役10年	囚人Ａ：懲役 5年 囚人Ｂ：懲役 5年

まず、Aの立場で考えます。Bが黙秘する場合、Aは黙秘すれば懲役2年、自白すれば懲役0年となり、「2年＞0年」なので、自白した方が刑期は短くなります。次に、Bが自白する場合、Aは黙秘すれば懲役10年、自白すれば懲役5年となり、「10年＞5年」なので、自白した方が刑期は短くなります。よって、Bがどの選択をしても、Aは自白をした方が刑期は短くて済むため、Aは必ず自白を選択すべきです。Bも同様に、自白を選択すべきです。故に、A・Bとも自白、表の右下の「囚人A・Bとも懲役5年」になりますね。A・Bとも黙秘であれば、表の左上の「囚人A・Bとも懲役2年」という、**お互いにより良い選択肢**も選ぶことができるのに…。これが「**囚人のジレンマ**」です。

第2章　ミクロ経済学　全体像フローチャート

ミクロ経済学は、経済学部に入学して最序盤に履修することが多く、そして偏微分方程式等により、多くの**学生を失望させる原因**にもなります。「円の面積（πr^2）で半径ｒが微小だけ長くなった場合、直径（$2\pi r$）だけ面積が増える」を数式で表すと「πr^2をｒで偏微分すれば$2\pi r$」なのですが、フツーに生きてきたらワケワカメで面喰らいますよね。。。

ミクロ経済学→【第2章】

市場均衡理論

消費者行動（＝消費経済論）

効用関数（効用最大化）
① 限界代替率（限界代替率逓減の法則）
選好の凸性
無差別曲線
限界効用
ラグランジュ未定乗数法
シェファードの補題
② スルツキー分解（所得効果、代替効果）
上級財、下級材、ギッフェン財
代替財、補完財
③ 需要の価格弾力性

生産者行動（＝企業経済学）

生産関数（利潤最大化）
限界生産性逓減の法則
生産関数=凹関数
プライステイカー
限界生産性
可変費用、固定費用
サンクコスト
損益分岐価格、操業停止価格
規模の経済／規模に対する収穫逓増
等量曲線
生産可能性フロンティア
オイラーの定理（1次同次関数）
コブ=ダグラス型生産関数

市場均衡における需要と供給

⑤ 神の見えざる手
部分均衡分析
⑥ 機会費用（Opprtunity Cost）
超過需要／超過供給
消費者余剰／生産者余剰
死荷重

一般均衡分析
コア（核）
エッジワースボックス
⑦ パレート改善／パレート最適
厚生経済学の第1基本定理
厚生経済学の第2基本定理

市場の失敗

外部不経済
従量税／従価税
一括固定税
ピグー税、コースの定理

独占・寡占（カルテル）
プライスメイカー
クールノー均衡
ベルトラン均衡
シュタッケルベルク解
⑧ 情報の非対称性
リスク回避的個人
プリンシパル=エージェント理論
モラルハザード／逆選択
⑨ シグナリング

ゲーム理論

戦略的状況
利得
ナッシュ均衡
囚人のジレンマ
男女の戦いのゲーム
④ 美人コンテスト
部分ゲーム完全均衡（ツリー図）
混合戦略

所得の不平等

エンゲルの法則（エンゲル係数）
ローレンツ曲線
⑩ ジニ係数
幸福の経済学

第2章　ミクロ経済学　重要用語トップテン

前ページ「全体像フローチャート」で小さく①～⑩と付番されている用語をピックアップし、定義を説明したうえで、就活に例えています。**定義の理解を深めると同時に、就活での重要ポイントも押さえて頂ければ幸い**です。

ミクロ経済学で重要という観点で敢えて一つ選べば「神の見えざる手」ですが、就活有用という観点では「美人コンテスト」ですね。**自己満ではなく相手ファーストの意識**が重要！

	用語	英語名	内容	
①	**限界代替率**	MRS: Marginal Rate of Substitution	定義	2つの財を想定した時の、**主観的交換比率**のこと。 「リンゴ1個」と同じ幸せを感じるのは「みかん3個」、等。
			例	安定性し過ぎる企業は退屈、成長性あり過ぎる企業は危険、ほどほどの**安定性と成長性をバランス良く兼ね備えた組織**が一番！
②	**スルツキー分解**	Slutsky equation	定義	価格効果を**代替効果と所得効果の和に分解**すること。代替効果とは、他の財に移行する効果。所得効果とは、所得が消費量に与える効果。
			例	採用人数が増えた時に「**チャンス！**」と考え応募する人もいれば、「**価値が下がった**」と応募を見合わせる人もいて、人それぞれ。
③	**需要の価格弾力性**	Price elasticity of demand	定義	価格の変化率（%）に対する需要の**変化率**（%）のこと。また、政府支出1% 増に対するGDP の増加率のことを特に「**財政乗数**」という。
			例	旅行なら高いGW は避けたり1円でも安くネット検索しますが、明日が**就活面接なら、いくらお金かかっても、行くしかありません！**
④	**美人コンテスト**	Keynesian beauty contest	定義	ゲーム理論での戦略的行動の例。投票者は自分自身が美人と思う人へ投票するのではなく、**平均的に美人と思われる人へ投票**する。
			例	ES のエピソードは、自分が最もエモかった想い出ではなく、第三者の**面接官が聞いて分かりやすく印象的な題材を選ぶべきです！**
⑤	**神の見えざる手**	Invisible Hand	定義	市場経済において、各個人が**自己の利益を追求すれば**、結果として社会全体において**適切な資源配分が達成**される、とする考え方。
			例	経済学の父・アダム=スミスの言葉。学生の皆さまも、まずは就活が**成功することだけを全力で追求しましょう！それが社会の最適化！**
⑥	**機会費用**	Opportunity cost	定義	選択により、**得ることが出来なくなった別の選択肢**の経済的価値。 より厳密には、最大利益を生む選択肢とそれ以外の選択肢との利益差。
			例	各企業の人事の方々は、オフィスで働けば超稼げるエース級が多い中、採用に時間を割いているので、**感謝の念は常に忘れない**ように！
⑦	**パレート最適**	Paretian optimum	定義	集団内の誰かの効用（幸福度）を**犠牲にしなければ、他者の効用を高めることができない状態**のこと。交換が発生しない「コア」配分。
			例	経済学では、パレート最適=**不平等があってもそこで固定化**、です。 だからこそ**就活（ファーストキャリア）は人生で最重要**なのです！
⑧	**情報の非対称性**	Information asymmetry	定義	市場における各取引主体が保有する情報に差があるときの、その**不均等な情報構造**のこと。「市場の失敗」を招く。
			例	企業説明資料の行間を読み、よく「**スクリーニング**」すること、及び程よく「**シグナリング**」を発し、自身を信頼してもらう工夫が重要！
⑨	**シグナリング**	Signaling	定義	情報の非対称性がある場合に、情報を保有している側の者が、情報を持たない側に**的確に情報を開示し信頼を得よう**とする概念。
			例	就活では学歴、TOEIC、資格等がシグナリングの代表例になります。 しかし、**面接での挨拶、気付き、清潔感等も重要なシグナリング！**
⑩	**ジニ係数**	Gini coefficient	定義	社会における**所得の不平等さを測る指標**。0～1の間で、1に近いほど不平等。0.5 以上で暴動レベル。日本は0.37（2017 年データ）。
			例	「年功序列・終身雇用の一億総中流」ならジニ係数はほぼ0です。しかし社会は能力主義になりつつあるので、**早めの準備で生き残り**ましょう！

第2章　ミクロ経済学　問題演習

まずは**王道的な公務員試験**の問題を見てみましょう。

< 2019 年度　国税専門官試験　専門試験「経済学」No.23 >

ある個人は労働によって得た所得の全てをＸ財の消費に充てており、その効用関数は以下のように示される。　U = x（15－L）

ここで、U =は効用水準、x（x >0）はＸ財の消費量、L（0< L < 15）は労働供給量を表す。Ｘ財の価格は10であり、労働一単位当たりの賃金率は30とする。この個人の効用を最大化するときの労働供給量はいくらか。

選択肢　①　6.0　②　7.0　③　7.5　④　8.0　⑤　8.5

■　解答・解説

数式を見るとアレルギーが起こる方は多いと思いますが、まずは慌てず選択肢を見てみましょう。① 6.0, ② 7.0, ③ 7.5, ④ 8.0, ⑤ 8.5となっていますね。例えば正解が「7.0」なら、**選択肢は「5, 6, 7, 8, 9」と整数のみにしても良いはず**です。にも関わらず、わざわざ小数点以下を出しているということは、③ 7.5 か⑤ 8.5 という、**小数点以下があるどちらかが正解である可能性が高い**と推測できます。一方、多数登場の法則（正解に雰囲気が近い選択肢が多い）もあるため、5つの選択肢のうち3つは「●.0」であることから、① 6.0, ② 7.0, ④ 8.0 のどれかの可能性もあります。ただ**極端回避の法則**から、① 6.0, ⑤ 8.5 の可能性は低いでしょう。整数部分は6が1回、7と8が2回なので、多数登場の法則からも① 6.0 の可能性は極めて低いと解されます。

本問は、xとLの掛け算の問題です。2つの数字の掛け算の場合、両者が近い方が大きくなる法則があります。例えば足して6になる掛け算は、1×5、2×4、3×3の3種類。その中では3×3が最大となります。その意味では、Lは1～14の間の数なので、(1+14) ÷2= 7.5が正解に近いと解されます。以上の考察から、**可能性が高い順に◎③7.5、〇②7.0、▲⑤ 8.5、△④ 8.0、無印（問題外）① 6.0と判断します。ここまでを 10 秒**で考えます。

次に、**イメージを掴むため、具体例で考えます。計算しやすい整数の② 7.0 を代入**すると、u = x（15 −7）、u =8x、となります。一方、労働一単位の賃金率は 30 なので、30 ×7= 210 が稼いだ賃金です。x の価格は 10、労働で得た賃金は全て x の消費に充てるという設問のため、x は 21 個買えることになります。以上から、u =8× 21 = 168、これが効用（幸福度）です。同様に、面倒ですが、正解に最も近いと推測される③ 7.5 を代入すると、u = 7.5x、x = 22.5、∴ u = 168.75 と計算され、つまり効用は増加します。同様に④ 8.0 を代入すると、u =7x、x = 24、∴ u = 168 で、効用 u が③より減少、②の 7.0 の時と同じになります。

以上から、7.5 を中心に、0.5 増えても減っても u は減るので、**正解は③ 7.5 です！**

【覚えていれば機械的に解ける教科書的な解法】
予算制約式を　L =3x　と導出。
これを効用関数に代入すると、u = x（15 −3x） = 15x −3x²
u を x で偏微分してゼロと置くと、15 −6x =0　⇔　x = 2.5
これを予算制約式に代入し、L =3× 2.5 = 7.5、よって正解は③ 7.5

・・・という感じで、**微分を使い、解き方を知っていれば「瞬殺」**できる問題でもあります。但し、解き方を知らない問題も多々出題されます。本書は、**空気（出題者の心理）を読んで◎③7.5を10秒で導き出し、確率60%位で正解を辿り着く方法を推奨**します。公務員試験のレギュレーション上、選択問題で、かつ60%程度正解できれば筆記試験は合格できるので、期待値上はこれで合格ですし、何より、**社会に出てからはこういう洞察力が役に立ち**ます。

続いて、「**機会費用**」に関する問題を考察してみましょう。

<Ferraro and Taylor (2005) "Do Economists Recognize an Opportunity Cost When They See One? A Dismal Performance from the Dismal Science"より抜粋>
今、手元にEric Claptonのライブ招待券があります。一方、Bob Dylanの公演も同時刻にあり、チケットは 40 ドルです。あなたはBob Dylan なら50ドルまで払える！と考えている場合、Eric Clapton のライブに行くOpportunity Cost（機会費用）は、いくら？
選択肢　A：0ドル　B：10ドル　C：40ドル　D：50ドル

■　解答・解説

P.17 重要語句⑥のとおり、機会費用は「最大利益を生む選択肢とそれ以外の選択肢との利益差」と定義されます。今回でいえば、Bob Dylan 氏のライブを見れば 50ドル分の効用（うれしさ）なのに 40ドルしか払わなくて良いので、**「利益」は 50-40 = 10ドル**です。Eric Clapton 氏のライブ招待券は無料で、暗黙に最大利益を生む選択肢（少なくとも 10ドル超のうれしさはある）とすれば、**機会費用は上述のとおり10ドル、つまり、Bが正解**です。

この Ferraro and Taylor (2005) の凄いところは、この質問を **199 名の経済学者に行ったことです。何と回答は「A：50 人、B：43 人、C：51 人、D：55 人」と正解Bが最低人気**なうえ、ほぼ4均等の割れっぷり！しかも、この 199 人の **61% は大学で経済学入門の講義をドヤ顔で教える立場…!** いっつも学生様の単位を落としてて、そりゃないぜセニョール笑

招待券= Eric Clapton のライブに無料で行く機会があると勘違いすればA、「費用」という単語に惑わされればC、「ある選択により諦めた別の選択肢の価値」という点だけに着目すればDになり得ます。また、もし更に宮本浩次氏のライブも同時刻で、うれしさ 99ドル（チケットは 40ドル）なら、10 + 59 = 69ドルや、50 + 99 = 149ドルの誤答もありそうです。

問題文をよく読み**「定義」を確認することの重要**が、身に染みて分かる問題ですね。

【就活コラム　essence 2】インターンのすゝめ

なるべく**色々な経験をし「出逢い」**の回数を増やす。そして、それなりの時間を共有する中で**「相対的」に吟味**をする。最後は「**縁**」を大切にする。これが、失敗が少ない志望業界の見つけ方といえます。とはいうものの、「色々といっても、具体的に何からすれば良いの？」という声も聞こえてきそうですので、一つの具体的な方法もご提案したいと思います。

まず「はじめの一歩」は、「**先輩方の就職先を確認する**」でしょう。高校生の諸兄姉は、進路指導室に行って進学先と就職先を確認する、大学生・院生の諸兄姉は就職課に行ったり、みんなの就活（みん就）・就活会議・マイナビ等で、自分と似たタイプ・同じ学部や性別の先輩がどのように切り抜け、どのような進路を歩んでいるかをよく分析することです。企業によっては、リクルーター制度（OG/OB がサポート）もあります。気後れせず、活用できるものはどんどん活用すべきです。ただ、**好景気期とコロナ禍では状況も違うので、鵜呑みにしないように留意**は必要です。また、弱みに付け込んだ**怪しげな就活アプリも要注意**です。

次の一歩は、「ネットを使って**広く浅く**調べる」です。「**業界研究**」で検索したり、例えば金融業に興味があれば「金融業界」で検索してみるのです。すると、金融業界には銀行の他、信託・証券・生命保険等の企業もあることに気付きます。生保が金融になるのは何故だろう、信託銀行では不動産を扱っているらしい等、**イメージと少し違う事実**の中で、興味を持った具体的企業があれば、採用サイトも覗いてみると良いでしょう。特に、**現役社員の業務説明**は「ヒトの顔」と「具体的事例」が見えるだけに、大きな刺激を受けることができます。

その次のステップとしては、みんなの就活等で**その企業の内定者 ES（エントリーシート）を見る**ことがお勧めです。どのような学歴で、どのような経験をしているのか、そしてそれをどのように 400 字で文字化すれば内定に至るのか体感することは、非常に重要です。そのうえで、自分が興味を持ち続けていれば、ぜひ**インターンに応募**してみましょう。

インターン先を探す際は、**同業他社**等にも目を向けると良いと思います。特に B to B 系（企業間取引が主で消費者と直接取引しない企業）は、知名度は低くとも優良企業が多数。まずは1day でも良いのでインターンしてみる。そこで企業の雰囲気、働く人々の目の輝き（又は目が死んでいること）を察知し、**最初のインターン先を基準に、更に情報を集めたりインターンを経験して、相対で絞る**。これが「本当の自分」に近づける方法の一つです。

■　Job（職業）ではなく Task（業務）で考えてみる

この過程で、**興味を持つ企業の「要素」を抽出**すると、志望先をより絞りやすくなります。例えば、お客様に感謝される仕事、何かを創る仕事、海外を飛び回る仕事、内部で調整する仕事。また、「創る仕事」には企画、開発、技術、生産、「売る仕事」には営業、販売、広報、宣伝、「管理する仕事」には総務、経理、秘書、システム構築等、様々な Task（個別業務）があります。Job だけではなく Task ベースで考え「**自分を発見**」することも有益です。

第3章　マクロ経済学（Macroeconomics）

―なぜ「GDP 成長率」は常にトップニュースなのか―

生まれたところや皮膚や目の色で　いったいこの僕の何がわかるというのだろう

THE BLUE HEARTS（1988）「青空」の歌詞の一節

第3章　マクロ経済学　要約

・マクロ経済学は、各個人の合計値で考える学問！
・GDP（Y＝C＋I＋G）に始まり、GDPに尽きる！
・近年は背景の各個人(ミクロ的基礎付け)が重要！

経済学＝資本主義＝拝金主義と軽蔑する方もいらっしゃるかと思います。その側面は、否定できません。ですが、お金は悪いものなのでしょうか？お金で買えないものは、世にいっぱいあります。愛、家柄、才能、外見。しかし、この世にお金が無かったとしたら、どうなるのでしょう？愛情溢れる名家に育つ文武両道美形と、そんなことなく育った人。そんな二人が、**「平等」に豊かな人生を送れるのでしょうか？**

残念ながら、天賦の才による**「差別」は、どんなキレイ事を並べても、屹然として存在**します。人権派弁護士も、司法試験に受験し合格できる財力と知力が無ければ、その立場を得ることは困難です。この天賦の才による「差別」の解決策は、ありません。ですが、**「差別」を緩和する策なら、あります。それが「お金」**なのです。天賦の才が無くとも、努力して人並みに稼げば人並みに、人以上に稼げば人以上に豊かな人生を送ることが可能です。**天賦の才に恵まれず、努力することも難しい者に関しても、政府が税を徴収し福祉に回す所得再分配、つまり「お金」により、健康で文化的な生活が可能**となるのです！

各人が稼いだお金を**一国全体で合計した概念、それが「GDP（国内総生産）」**であり、GDPはその国の豊かさを表すグローバルスタンダードな指標です。ここで重要なのは、GDPは「国内（Domestic）」である点です。国籍に着目した「GNP（国民総生産）」という概念もありますが、経済学では、一般的にはGDPがより重視されます。**日本国民の合計より、日本に住む人々の合計値の方が大事**ということです。生まれたところや皮膚や目の色は、一切関係ありません。人種、思想、宗教、国家観等。これらを超越して日本に住んでいる全て人々が稼ぐお金を合計した概念、それが日本のGDPであり、豊かさの指標です。

以下の図のとおり、**国家公務員大卒初任給と名目GDPは、ほぼ同じ動き**をしています。

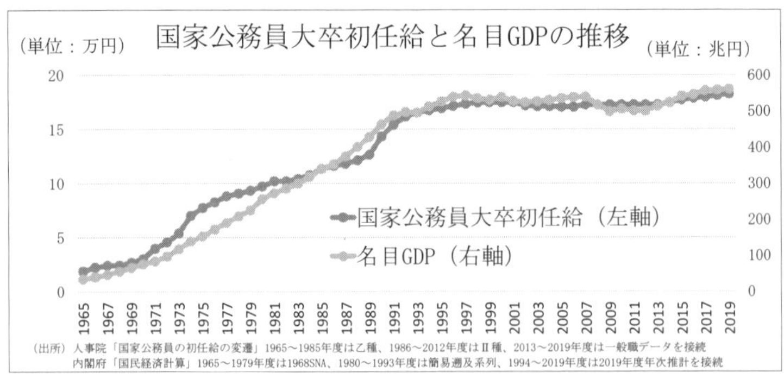

（出所）人事院「国家公務員の初任給の変遷」1965～1985年度は乙種、1986～2012年度はⅡ種、2013～2019年度は一般職データを接続
内閣府「国民経済計算」1965～1979年度は1968SNA、1980～1993年度は簡易遡及系列、1994～2019年度は2019年度年次推計を接続

■ GDP（Y＝C＋I＋G）に始まり、GDPに尽きる！

より正確には、人々が稼いだお金の合計は「GDI（国内総所得）」と呼びます。これは、分配面・生産面・支出面のどこに着目しても同じ値になるとする**三面等価の原則により、「GDI＝GDP＝GDE（国内総支出）」**となるため、最も有名なGDPで説明しました。マクロ経済学では、GDPは支出面（GDE）が最も注目されます。例えば、新聞一面やテレビのトップニュースで報道される「**四半期別GDP速報（QE）**」は、主に支出面を推計し、GDE＝GDPであることを理由にGDP速報としているものです。GDP速報では、GDPを主に民間消費支出（Consumption）＋民間設備投資（Investment）＋政府支出（Government）として計算しています。これを**マクロ経済学では「Y＝C＋I＋G」**と数式で表します。より厳密には、輸出入と在庫を反映し「Y＝C＋I＋G＋EX－IM±在庫」とします。これは、輸出:海外から日本にお金が入ってくる=日本のGDP増加、輸入：逆に海外にお金が出て行く=日本のGDP減少を意味します。つまり、パリ在住日本人からチーズを空輸すると日本のGDPは減少、在日外国人が作る国産野菜を食べると日本のGDPは増加します。前ページ図のとおり、GDPと給与はほぼ同じ動きをしますから**「国籍」問わず「国内」を応援**した方が、お給料が増えるメカニズムです。日本国内での消費を促す「**内需拡大**」は、食の安全性以上に、**廻り回って日本に住む自分たちのお給料も増える**ため、重視されるのです。

■ マクロ経済学は、各個人の合計値で考える学問！

このように、**マクロ経済学とは、一国全体の経済変数に着目して分析を行う学問**と定義できます。経済変数とは、先ほどのGDPをはじめ、金利、物価、失業率、貯蓄率等です。それぞれの数字は**日々変化するので「変数」**と呼びます。財市場、労働市場、貨幣市場を分析対象に、先ほどの「Y＝C＋I＋G」のような数式を用いて、IS-LMモデル、AD-ASモデル、OLGモデル、DSGEモデルといった**「モデル」を作ることがマクロ経済学の主流**です。複雑な社会の動きをより正確に描こうと思えば思うほど、「Y＝C＋I＋G」のような足し算のモデルだけでなく、**高度な微分・積分・行列計算等が必須**となり、膨大な連立方程式が必要となります。その**計算にスーパーコンピューターが必要**となるため、世界1の分析能力を目指すなら、**世界2位ではダメ**なのです。理系にとっては数式の方がエモカワですが本書は経済学を数式ではなくイメージでの理解を目指すため、詳細な説明は割愛します。「マクロ経済学？あぁ、モデルね。Y＝C＋I＋Gとかね。」程度の認識で十分です。但し、後のページで述べるエッセンストップ10は非常に含蓄あるものが多く、マクロ経済学がもたらす**教訓については深く学ぶように**しましょう！

■ 近年は背景の各個人（ミクロ的基礎付け）が重要！

全体に着目するマクロ経済学は、個人に着目するミクロ経済学と真逆の視点ですが、P.25⑨で紹介するルーカス批判以降、**ミクロレベルの意思決定の集合体としてのマクロ、**という観点が重視されるようになっています。学問は、様々な切り口で発展しますね。

第3章　マクロ経済学　全体像フローチャート

マクロ経済学は、ミクロ経済学の市場均衡理論ほどガチガチに完成されているものではないため、**教科書によって重点的に扱っているものが異なる場合**さえあります。例えば海外の教科書では動学マクロが主流で、IS-LM モデル等は勉強さえしないことがあるようです。参考文献にも載せた世界的に有名な Romer の教科書でも、伝統的なケインジアンの章が第4版以降では消え、動学の DSGE モデルの章が新設されています。ただ、**日本の公務員試験では、依然、ケインジアン中心**ですし、重鎮の学者の中には「動学モデルは高度なおもちゃ」と揶揄する先生もいらっしゃいます。入門という意味でも、十分価値はあります！

マ　ク　ロ　経　済　学→【第3章】

財市場
　国民経済計算（SNA）
　　Y=C+I+G
①　国内総生産（GDP）
　　プライマリーバランス（フロー）
　　債務残高対 GDP 費（ストック）
　　四半期別 GDP 速報（QE）
　　三面等価の原則
　　実質化／ GDP デフレーター
　　季節調整

貨幣市場
　貨幣の機能
　　価値貯蔵手段
　　価値尺度手段
　　交換手段
　マネーサプライ
　　ハイパワードマネー（M2+CD）
　　金融政策（買いオペ／売りオペ）
　　公定歩合
②　流動性選好理論／流動性のわな
　　シニョリッジ（貨幣発行収入）
　貨幣数量説（MV=PY）
③　インフレーション
　　　デマンドプルインフレーション
　　　コストプッシュインフレーション
　　　ハイパーインフレ
　　　靴底コスト／メニューコスト
　　デフレーション
　　スタグフレーション
　フィッシャー方程式（r=i- π）

労働市場
④ **フィリップス曲線**
　摩擦的失業／ケインズ的失業
　賃金の硬直性
　　効率賃金仮説

45 度線分析
⑤ **LS-LM 分析**
AD-AS 分析
乗数効果（レバレッジ）
開放経済
　国際経常収支（貿易収支／所得収支）
　小国開放経済モデル
　名目為替レート／実効為替レート
　購買力平価（PPP）
　マンデル・フレミングモデル
景気循環論
　オークンの法則
　バブル経済
消費理論
　恒常所得仮説
⑥　　ライフサイクル仮説
　　異時点間の消費選択
⑦　　割引現在価値（プレゼントバリュー）
　　相対所得仮説
⑧　　　ラチェット効果
　　　デモンストレーション効果
　　絶対所得仮説
ソロー成長モデル（黄金律、ソロー残差）
動学モデル
⑨　ルーカス批判（ミクロ的基礎付け）
　　OLG モデル（世代重複モデル）
　　　ラムゼイ・キャス・クープマンズモデル
　　　位相図／鞍点経路（サドルパス）
　　　オイラー方程式
　　DSGE（動学的確率的一般均衡モデル）
　　RBC 理論（リアルビジネスサイクル）
　　　カリブレーション／プライヤー
　　　ガルボプライシング（カルボ型価格設定）
　　　R&D モデル（研究開発）
⑩　　MCMC（マルコフ連鎖モンテカルロ）
　　ニューケインジアンフィリップスカーブ
　　バラッサ=サミュエルソン効果

第3章　マクロ経済学　重要用語トップテン

マクロ経済学も、ミクロ同様、難解な単語ばかりですね。「インフレーション」なんかは、ドラゴンボールの戦闘力やスマホゲームの新規ガチャの性能等で諸兄姉もお馴染みかも笑。下記から強いて一つ挙げるのもインフレなので、**戦闘力53万です**とアピールしましょう！

なお、例にやや強引な部分もあり、またあくまで小職が就活で一般的に有用と考える私見ですので、どんなケースでも必ず正しいとは限りません。取捨選択は諸兄姉に委ねられます。もしお迷いなら、**この意見をご両親や信頼する第三者に話して確認**すると、更に有益！

	用語	英語名	内容	
①	**国内総生産（GDP）**	Gross Domestic Product	定義	**一定期間内に国内で産み出された付加価値の総額**。GDPを含む「国民経済計算（SNA）」は、国連が定める基準のため、国際比較が可能。
			例	就活は、今までの人生で得た様々な付加価値の合計である「人間力」が試されます。**バランス良く、計画的に成長しましょう！**
②	**流動性のわな**	liquidity trap	定義	金融緩和により利子率が一定水準以下に低下した場合、投機的動機に基づく貨幣需要が無限大となり、**通常の金融政策が効力を失う**こと。
			例	就活では、現状が特殊な状況なのか否か、自分だけではなかなか判断できないため、**信頼できる相談相手を複数持つ「客観視」**が重要！
③	**インフレーション**	Inflation	定義	**物価がある期間において持続的に上昇**する経済現象。良いインフレと悪いインフレがある。対義語はデフレーション（物価下落）。
			例	就活ESの多くは「サークルで部長」、「スピーチコンテストで優勝」等、ハイパーインフレ状態。**嘘じゃない範囲で頑張って盛りましょう！**
④	**フィリップス曲線**	Phillips curve	定義	縦軸にインフレ率（物価上昇率）、横軸に失業率をとったときに、右下がりに描かれる曲線。**つまり、高インフレだと、低失業率。**
			例	高インフレ（大きく見せた）の方が低失業率（内定）は就活も同じ。**短所を聞かれても、言葉を換え、実質的に長所をアピール！**
⑤	**IS-LMモデル**	IS-LM model	定義	国民所得と利子率を用いて財市場と貨幣市場の同時均衡を分析すること。ケインジアンモデルの**集大成であり、各種試験で計算問題が頻出。**
			例	**やり甲斐とワークライフバランスの同時均衡**を求める場合、なるべく大企業や公務員になった方が良いです！色々な仕事や道がありますから。
⑥	**ライフサイクル仮説**	Life-cycle hypothesis	定義	**消費の決定要因は、**一生涯に得られると期待される生涯所得を寿命で除した**平均生涯所得である、とする仮説。**
			例	初任給の高さは魅力ですが、**福利厚生、退職金等も含めた生涯所得**という観点も大事ですので、甘い条件に惑わされないように！
⑦	**割引現在価値**	Net Present Value	定義	将来に受け取れる価値が、もし現在受け取れるとしたらどの程度の価値をもつかを表すもの。通常、**将来受取額を想定利子率＋１で除して計算。**
			例	**65歳まで安定収入が得られる内定の割引現在価値は計り知れません。** 今が楽しくて遊びたい気持ちは程々に、ぜひ**堅実な就活も一考を！**
⑧	**ラチェット効果**	Ratchet effect	定義	**消費の決定要因を過去の消費**として考え、人々は所得が減少しても貯蓄の取崩しや借入によって消費を維持しようとする効果。
			例	**生活水準を落とすことは非常に難しい**ため、現在ご両親の所得で生活している学生様は、ご両親並の就職をしなければ、破綻は必定。。。！
⑨	**ルーカス批判**	Lucas critique	定義	経済政策を変化させることによる効果予測を、全面的に**過去のデータで観測された関係性に基づいて行うことは現実的でない**と論ずる批判。
			例	世の中の変化に合わせ企業の採用行動も就活生の志向も大きく変わるため、**過去の傾向や先輩の就活話を全て鵜呑みにするのは危険！**
⑩	**マルコフ連鎖モンテカルロ**	Markov chain Monte Carlo methods	定義	求める確率分布を均衡分布として持つマルコフ連鎖を用い、任意の確率分布に従った**乱数を発生**させるサンプリングアルゴリズムの総称。
			例	就活はで最初からゴールが見えている人はいません。ランダムウォークしながら色々な**試行錯誤を繰り返した先に、内定に収束**するのです！

第3章　マクロ経済学　問題演習

マクロ経済学も公務員試験頻出なので、まずは王道的な試験問題を見てみましょう。

＜2017年度　国家公務員一般職　専門試験「マクロ経済学」No.38＞
ある国のマクロ経済が、以下の式で示されているとする。

Y=C＋I+G　　C＝100＋0.8（Y－T）　　I=I_0　　T=T_0+tY

Y:国民所得、C:消費、I:投資、G:政府支出、T:税収、t:限界税率、I_0、T_0:正の定数

このとき、（1）税収が所得に依存し、t＝0.25である場合、及び（2）税収が所得に依存しない場合(t＝0)のそれぞれの場合における政府支出乗数の組合せとして妥当なのはどれか。

①（1）0.8　（2）1.25　②（1）0.8　（2）2.5　③（1）2.5　（2）2.5
④（1）2.5　（2）5　⑤（1）2.5　（2）5

■　解答・解説

GDPの数式「Y=C+I+G」を問う**定番の問題**です。このように、経済学の問題はほぼ数式を用いた計算問題となっています。本書はあくまで、就活で使えるエッセンスをお伝えする趣旨なので数式を解説はしませんが、**公務員試験で経済学を選択する場合は、計算力向上は非常に重要**になります。但し**パターンはそれほど多くないため、暗記でも何とかなります**。

さて、本問の選択肢を見ると、**多数登場の法則**により、（1）は0.8か2.5、（2）は2.5か5が正解の可能性が高そうです。また、（1）と（2）が同じという可能性は低いため、④の可能性は薄いと想像されます。よって、**②か⑤が正解の可能性が高そう**です。残念ながら本問は、これ以上テクニックで絞るのは難しく、正攻法しかありません。但しこの問題は頻出のため、公務員試験で経済学を選択する場合には、解法は必ず押さえておくべきものとなります。

Y=C＋I+Gに他の式を代入する。Y＝100＋0.8（Y－（T_0+tY））＋I_0+G

t=0.25の時、Y＝100＋0.8（Y－（T_0+0.25Y））＋I_0+G

⇔ Y＝100＋0.8Y－0.8T_0－0.8×0.25Y＋I_0+G

⇔ Y＝100＋0.8Y－T_0－0.2Y＋I_0+G

⇔ 0.4Y＝100－T_0+I_0+G

⇔ Y＝250－2.5T_0+2.5I_0+2.5G

t＝0の時、Y＝100＋0.8（Y－（T_0+0））＋I_0+G

⇔ Y＝100＋0.8Y－0.8T_0+I_0+G

⇔ 0.2Y＝100－T_0+I_0+G

⇔ Y＝500－5T_0+5I_0+5G

政府支出乗数とは、政府支出Gが1単位増加した際のYの増加分のことです。∴上記式より、t=0.25の時の政府支出乗数は2.5、t＝0の時の政府支出乗数は5のため、**正解は5**。

続いて、マクロ経済学の重要論点である「**貯蓄**」に関する問題を見てみましょう。

＜総務省統計局「家計調査」を用いた問題＞
令和元年、一般的な世帯での貯蓄の金額は、いくらでしょうか？

■ 解答・解説

令和元年の総務省統計局「家計調査」によれば、**二人以上世帯の貯蓄額は平均 1,755 万円**となっています。「平均値だから、これが一般的！」という考えもあり得ると思いますが、試しにご両親に「1,755 万円が平均貯蓄みたいだけど、ウチはいくら？」と聞いてみてください。恐らく「馬鹿なこと言ってないで勉強しなさい！」と一蹴されることでしょう。。。

一般的＝「代表する値」は、大別して3種類あります。**全てを足して人数で割った「平均(mean)」、一番該当者が多い「最頻値(mode)」、そして人数ベースで一番少ない方から数えた数と一番多い方から数えた数が同じになる「中央値（median）」**です。今回の貯蓄では、UNIQLO の柳井正会長やソフトバンクの孫正義社長等、令和元年に2兆円超の資産がある、**超絶大金持ちが存在すると、「平均」は高振れし、現実離れ**した数字になってしまいます。一方最頻値も、貯蓄ゼロの人が多いのは事実ですが、書き漏れの可能性もあり、一般的とはいえません。よって、**消去法的に、中央値である 967 万円が無難**と考えられます。

しかし！老後に備え貯蓄をする方や、定年退職時に受け取る退職金が、更に高振れさせている可能性があります。そこで、二人以上世帯のうち勤労者世帯のみに着目すると、中央値は 751 万円まで低下。この**中央値 751 万円の方が更に実態に近い**といえます。平均という概念は常に代表値になる訳ではありませんので、**「平均値」に騙されないように!!!**

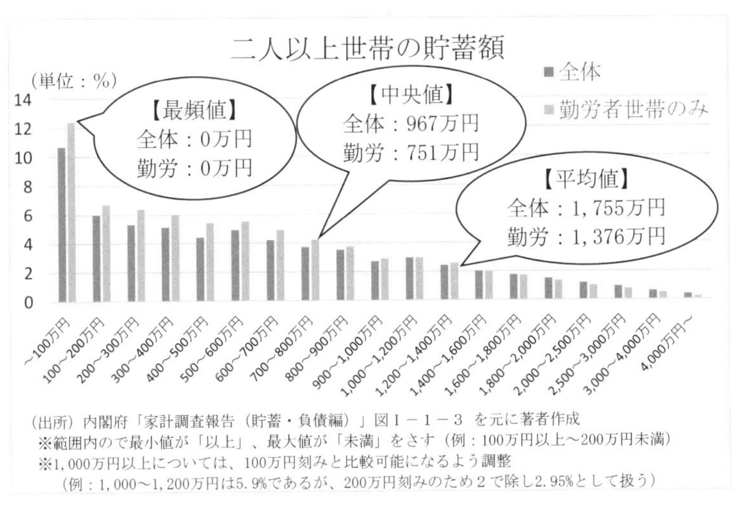

（出所）内閣府「家計調査報告（貯蓄・負債編）」図Ｉ－１－３ を元に著者作成
※範囲内ので最小値が「以上」、最大値が「未満」をさす（例：100万円以上～200万円未満）
※1,000万円以上については、100万円刻みと比較可能になるよう調整
（例：1,000～1,200万円は5.9%であるが、200万円刻みのため２で除し2.95%として扱う）

【就活コラム　essence 3】WEB テスト・性格テスト

近年は、就活で「**WEB テスト**」や「性格テスト」を課されるケースが多くなっています。WEB テストとして有名なのは、リクルート社が行う「SPI」ですが、「玉手箱」「CAB」「GAB」等もよく耳にする試験です。**自宅受験の場合とテストセンター受験**の場合があります。

WEB テストの内容は、主に国語（読解等）、数学（確率や表の読み方等）、英語（読解等）です。最大の特徴は「**スピードが要求される**」という点です。1問1問は、ゆっくりやれば、それほど難しくはないのですが、30 分で 40 問等という感じで出題されるため、つまり1問1分以上のスピードが要求されます。かつ、解答進捗度と経過時間がゲージ形式で表示され、**慣れるまではかなり焦燥感に駆られます**。

合格基準点は公表されていませんが、小職がコミットした近年の経験から、**概ね5～6割**正解できていれば WEB テストが原因で面接に進めない事態は無いと思われます。但し、問題の中には「**絶対に落としてはならない地雷問題**」もあるように感じます。要は、適当に全部選択肢「3」を選ぶ受験者や明らかに日本語読解力に乏しい外国人留学生受験者をふるいにかける狙いと推察されます。このような一発レッドカード問題は、大抵平易な問題なので、「**時間配分に留意し、取れる問題を確実に拾ってゆく**」がセオリーと考えられます。

実際に受験すればすぐに感じると思いますが、問題文が「平成7年の国勢調査で～」等、古いデータの問題が多く、つまり「毎年同じ問題を使い回している」ケースが散見されます。何度も受験していると「**あ、これ前の会社で出た問題だ。。。**」と、全く同じ問題に遭遇することも非常によくあります。よって、なるべく多くの練習問題をこなしたり、それほど興味のない企業も試験慣れするために受けてみることが重要です。

テストセンターではなく自宅でネット回線を通じ受験する場合、友人同士で集って解き、知恵を出し合って正答率を上げることも可能かもしれません。但し、企業側がこれを明示的に禁止している場合はリスクがあります。また、結果次第では友人関係に亀裂が入ります。**「5～6割正解で大丈夫」と割り切り、ある程度練習**すれば、恐るるに足らないものです。弱みに付け込み「WEB テスト解答集」を違法・高額で販売する情報商材屋に要注意！

■「性格テスト」は一貫性を！

性格テストは、場合によっては1時間かけて 100 問等の分量で、しかも似た設問が多く、うんざりする受験者も多いようです。ここで、大事なのは「**一貫性**」です。面接を見据え、「**就活ウケ**する社会人としてのキャラクター」を作る方も多いと思います。それは、小職としては至極真っ当なことだと解します。**社会人は、素の自分を出すべきものではなく、**企業やクライアントから**求められる「役割」を果たすべき**です。「役職が人を作る」という言葉もありますからね。但し、**一度決めたキャラクターがブレると、全信用を失いかねません**。特に実際の面接で全然印象が違うと致命的なので、自身のキャラクター設定確立に留意し、**素の自分もある程度入れた、無理のない就活**が、実は信頼を得る近道だと思います。

第4章　計量経済学（Econometrics）

―ビッグデータ分析という名のラビリンス―

患者の顔に現われるあらゆる変化、姿勢や態度のあらゆる変化、声の変化の全てについて、その意味を理解すべきなのである…**患者が何を感じているかを…言わせることなく…読みとる**こと。

地上に降臨した「天使」**フローレンス・ナイチンゲール**（1859）『看護覚え書』の一節

第4章　計量経済学　要約

・クリミアの天使ナイチンゲールは、実は統計学者！
・計量経済学とは、統計学の一分野！
・EBPM は、より多くの人々の命を救う！

150 年以上前に執筆された『看護覚え書』。2021 年現在の日本でも、看護学部生は全員が読むバイブルとなっています。その著者である、**ナイチンゲール氏**。諸兄姉は、どのような印象がありますか？「クリミアの天使」「ランプの貴婦人」の異名を持ち、人々の気持ちに**寄り添う献身的で優しい看護師**。それは間違いではありません。でも、**十分とはいえません**。ここで、ナイチンゲール氏の人生を少しだけ振り返りたいと思います。1820 年、上位3% のジェントリの家庭に生を受けた彼女は、生まれながら「**上級国民**」でした。様々な英才教育を受ける中で、20 歳で「**数学を極め世間に出て活躍したい**」、24 歳で「**看護師になりたい**」と家族に相談し、驚愕されます。時代背景的に貴族女性は「社交会の貴婦人」が当然であり、一方の看護師は下層階級の無教養な人々が就く仕事だったからです。信念を通して看護師となり、34 歳でクリミア戦争に志願して従軍。しかし、当初は軍部の女性蔑視から傷病兵の手当は許されず**信頼を得るため「トイレ掃除」**から始めました。そして翌年、信頼を得たナイチンゲール氏が手当に従事すると、1855 年**2月に 42% であった傷病兵の死亡率を4月に 14.5%、5月に5% にまで激減**させました。何を行ったのか？**やったことは、基本の「き」。それは換気・洗濯・掃除等で「衛生を保つこと」**。勿論、銃撃の傷が直接の死因となる兵士もいます。ですがその 30 倍の兵士が、不衛生な環境で抵抗力が弱り、感染症で死に至っていたのです。この状況を、言葉で、或いは無言で、察知する**「洞察」を実践**したのですね。このコロナで蔓延する世界を、もしナイチンゲール氏が見たら、どう思うのでしょうか。。。

■　クリミアの天使ナイチンゲールは、実は統計学者！

人々の気持ちに寄り添う、献身的で優しい看護師。**それ以上にナイチンゲール氏が偉大**な点は、この**洞察を統計データという数字に変換したこと**です。死因の統計を 1,000 ページ近くの報告書にまとめ、さらに、当時は珍しかった「グラフ」を用いて、専門知識が無くても分かるよう工夫をし、エリザベス女王陛下に衛生環境の重要性を直接プレゼンしました。もちろん、時代背景を考えれば一介の看護師なら謁見すら叶わないでしょう。しかしながら、ナイチンゲール氏は、上位3% の上級国民出身でした。その**出身さえ「利用」して、多くの人々の命を救った事実**。そしてそれが世界の医療の常識を変え**更なる人々の命も救い、150 年以上後の現在も息づいている事実**。その出発点は**若き日々に学んだ統計学**だったのです。モテにモテた貴族女性が、地位も名声も望まず、母や求婚者が悲しむ中でも地味かつ難解な統計と格闘し、人類にその生を捧げた**リアリストな統計学者**。信念を貫き、残した言葉は「**天使とは、美しい花をまき散らす者ではなく、苦悩する人々のために戦う者である**」。

当時の国際統計会議でも名を馳せた**統計学の母**。これが「天使」の、知られざる側面です。

■ 計量経済学とは、統計学の一分野！

計量経済学とは、統計学の手法を用いてデータを科学的に分析する学問です。経済学の理論に統計学を応用したものです。非常に奥が深く、かつ数学的に難解なので、詳細は割愛します。**最もイメージしやすいのは、OLS**（Ordinaly Least Squares：最小二乗法）という**回帰分析の考え方**です。例えば、左下図のようにテストの点数と勉強時間の散布図を描くとします。何となく、**時間が長いほど得点が高い傾向**がありますね。そこで、点のちょうど真ん中を通るように線を引くと「Y =5x + 36」という直線になります。もし勉強を3時間すれば x =3、つまりテストの点数 Y = 15 + 36 = 51 点が取れそう、という法則になります。但し、**左上の3人は、少し傾向が違いそう**ですよね。実際、「補正 R スクエア」という指標は、0.7 以上あれば数式の当てはまりが良いと言われていますが、0.34 ですので、かなり微妙です。そこで、**追加でデータを調査したところ、左上の３人のみ、塾に通っている**ことが分かりました。よって、右下図のようにこの３人を除く点のちょうど真ん中を通るように線を引くと「Y =7x + 21」という直線に変わります。もし勉強を3時間すれば、テストの点数 Y =7×3+ 36 = 57 点が取れそう、という意味ですね。補正 R スクエア」も 0.87 あるのでバッチリ。このように**分けて考えることを「ダミー変数」**といい、回帰分析で塾ダミーは+ 45 点と計算できました。つまり、塾に行き、かつ勉強を3時間していれば、57 + 45 = 102 点、狙いの 100 点満点が取れそうですね。こんな感じが計量経済学です。数式使って、ごめんなさい！

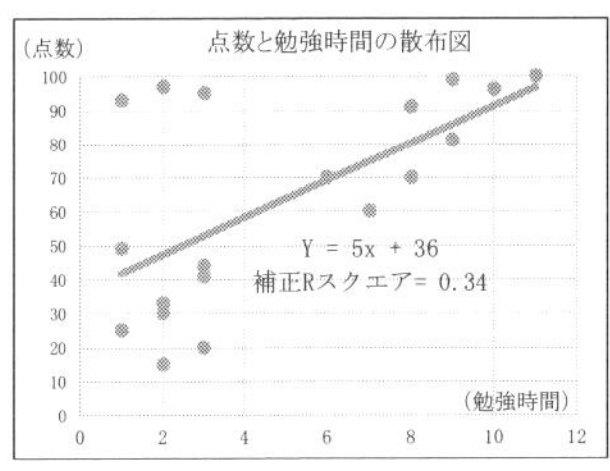

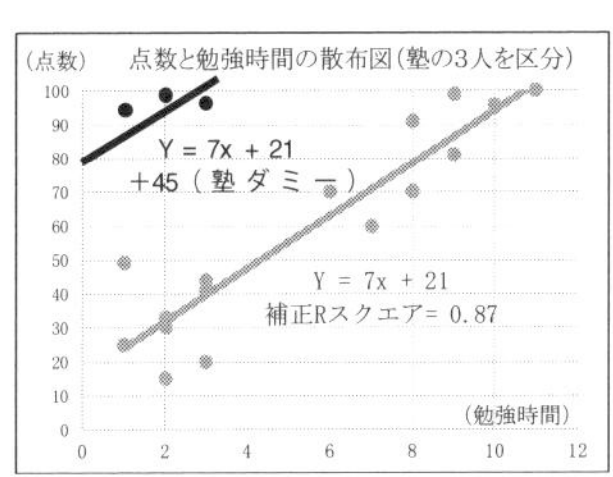

■ EBPM は、より多くの人々の命を救う！

2019 年ノーベル経済学賞は、エビデンスを武器に貧困撲滅の方法論を分析した研究が受賞しました。例えば医療支援で、**病院の点滴より、単に水を殺菌する安価な塩素等を供給するだけで、下痢で死ぬ子どもは劇的に減る**、といった分析です。具体的には**RTC**（Randomized Controlled Trial：ランダム化比較試験）と呼ばれる、比較対照可能なサンプル群で、ある要素だけ変えてどのような差異が生じるか分析する手法を用いました。**A/B テストや DID**（Different-in-Different：差の差分析）とも呼ばれる手法ですね。悪く言えば人体実験ですが、これにより、将来的に**多くの人々の命を、限られた予算で効率的に救う**ことができます。このような考え方を **EBPM**（Evidence-based Policy Making：**根拠に基づく政策立案**）と呼び、日本はもちろん、世界的にも重要視されています。だって**そうしないと、サンプル数１の自己体験に基づく声の大きい主張ばかりが通って、非科学的**ですからね。

第4章　計量経済学　全体像フローチャート

計量経済学は、非常に難解です！以下に用語を色々示しますが、**まずは入門統計学から！**

計　量　経　済　学→【第4章】

統計学の基礎
データの種類
① 一次データ／二次データ（加工データ）
② サンプリングバイアス
量的データ／質的データ
横断面データ（クロスセクションデータ）
時系列データ
パネルデータ（横断面+時系列）
記述統計
代表値（average）※統計学と一般で意味が違います！
平均（mean）
算術平均（arithmetic mean）
加重平均（weighted average）
移動平均（moving average）
中央値（median）
最頻値（mode）
分散（variance）
③ 標準偏差（standard deviation）
複数データ間の関係
共分散（covariance）
相関係数（correlation coefficient）／因果
グラフ
散布図
度数分布表
ヒストグラム
箱ひげ図
確率分布
母集団
標本
無作為抽出
離散型確率分布
2項分布
ポアソン分布
ベルヌーイ分布
国際経済学（金融論）
連続型確率分布
確率密度関数
正規分布
④ 大数の法則
中心極限定理
一様分布／カイ二乗分布
検定
t 検定／F 検定
Durbin-Watson 検定
ハウスマン検定
固定効果モデル／変量効果モデル
チョウ検定（Chow test）
⑤ 赤池情報量規準（AIC）／ベイズ情報量規準（BIC）

推定
回帰分析
線形モデル／非線形モデル
⑥ 多重共線性（マルチコ）
VIF（Variance Inflation Factor）
最小二乗法（Ordinaly Least Squares）
単回帰分析／重回帰分析
ダミー変数
サンプルサイズ／自由度
補正 R スクエア（自由度修正済決定計数）
信頼区間 /t 値 /p 値 / 有意水準（1%/5%/10% 等）
帰無仮説の採択／棄却
標準的仮定
⑦ 最良線形不偏推定量（BLUE）
ガウス=マルコフの定理
white 修正
FWL 定理（Frisch–Waugh–Lovell theorem）
⑧ 操作変数法（IV）／ 2SLS
ロビット／ロジット／トービット
ヘックマンの2段階推定
ロジスティクス回帰分析
オッズ比／ロジットの逆変換
時系列解析
定常状態（steady-state）
AR(1) 過程 /ARMA モデル /ARCH モデル /GARCH モデル
パッケージソフト（E-views/stata 等）
主成分分析／メタ分析
最尤法
ベクトル自己回帰モデル（VAR）

データサイエンス
実験経済学
プログラミング
言語（C++/R/Python/JAVA 等）
⑨ オブジェクト指向
アルゴリズム
ビッグデータ解析（データベース）
Access ／ SQL

ベイズ統計学
人工知能（AI）
機械学習（machine learning）
深層学習（deep learning）
単純パーセプトロン
教師あり／教師なし
⑩ パラメトリック／ノンパラメトリック
アンサンブル学習
事前分布（プライヤー）

第4章　計量経済学　重要用語トップテン

本章での1ワードピックアップは「サンプリングバイアス」です。人はつい偏ったデータや情報を信じてしまいます。**時折、客観視する**。社会人になっても、大事なことですね。

トップテン圏外ですが、データでは**「相関と因果の混同」**も要注意です。例えばある街で100歳以上は**全員喫煙者という「相関」**があった場合、タバコは長寿の秘訣と言えますか?恐らく違います。ニコチンにも耐えうる**「生命力の強さ」という「因果」**の帰結でしょう。

	用語	英語名	内容	
①	一次データ／二次データ	Primary data / Secondary deta	定義	**一次データ**：特定の目的のために**自ら収集**するデータのこと。 **二次データ**：公表統計等、**他者が収集**したデータのこと。
			例	口コミや就活サイト等「二次情報」は玉石混交で真偽不明です。 インターンや説明会等で**直感する「一次情報」**も大切に！
②	サンプリングバイアス	Sampling bias	定義	不適切な標本抽出によって、母集団を代表しない特定の性質のデータがまぎれこんでいること。**データの偏り**。
			例	一次情報・二次情報とも、**情報の偏りには要注意**です!! 必ず角度を変え、客観視しましょう!!!
③	標準偏差	Standard deviation	定義	**散らばり具合を示す指標**。平均との乖離の二乗和をデータ数で除した「分散」の正の平方根を取り、二乗を修正したもの。
			例	大体の会社の社員構成は、エース2割、平凡6割、ダメ社員2割。 この散らばり分布の**どこを目指すかで就活戦略は変わります！**
④	大数の法則	Law of large numbers	定義	独立同分布に従う可積分な確率変数列の標本平均は**平均に収束**するという、確率論・統計学における基本定理。
			例	数多くの会社にエントリーすれば、必ず**平均に収束します!!** 数回ダメでも心折れず、自分の良さに自信を持って頑張って！
⑤	赤池情報量規準	AIC: Akaike's Information Criterion	定義	**統計モデルの良さを評価するための指標**。一般的には、AICが最小となるモデルが最良モデルとして選択される。
			例	統計学には様々に検定する方法があるように、就活でも様々な試練があります。**圧迫面接や素っ気ない態度も一種の検定！**
⑥	多重共線性	Multicollinearity	定義	重回帰において、**説明変数同士に相関が強い**ものが含まれている場合に発生する、**予測精度の低下**のこと。通称マルチコ。
			例	相関が強い、つまり**似たタイプの学生同士で慣れ合っても**、 就活では**精度が低下**します！楽しさと有用さは分けて考えて！
⑦	最良線形不偏推定量	BLUE: Best Linear Unbiased Estimator	定義	線形不偏推定量の中で、**分散が最小**のもの。標準的仮定のもとで、最小二乗推定量は「**BLUE**」となり、一致性が担保される。
			例	就活時期はどんな人でも絶対にお祈りメール連発でブルーになり、 内定取れてもマリッジブルー的になりがち。何か**心に支えを！**
⑧	操作変数法	IV: Method of instrumental variables	定義	内生性のため推定量が一致性を満たさない場合に、別の因子を用い、**二段階最小二乗法**で正しく因果関係を推定する手法。
			例	真実に辿り着くには、時に、無関係そうな因子が大事なことも。 色々な出逢いを大切にした方が可能性は上昇、**急がば回れ！**
⑨	オブジェクト指向プログラミング	OOP: object-oriented programming	定義	互いに密接な関連性を持つデータとメソッドを**ひとつにまとめ**、オブジェクトとし、プログラムを構築するソフトウェア開発手法。
			例	就活では情報がとっちらかりがち！関連情報を「塊」で整理して、 机の引出や**フォルダ階層にように整理**することは非常に有用！
⑩	パラメトリック	Parametric	定義	母集団の分布が、正規分布等のある**特定の分布に従うこと**がわかっているデータのこと。対義語はノンパラメトリック。
			例	たいていのことは正規分布になります！回数を重ねれば、必ず 平均に収束しますし、逆に**一発逆転もワンチャンあります！**

第4章　計量経済学　問題演習

計量経済学も公務員試験に出題される場合があります。**ザ・文系な響きの法務専門職員のうち「矯正心理専門職」でも、必ず数問は毎年出題**されています！

<2019年度　法務専門職員（人間科学）採用試験　専門試験 No.19>

次の記述のうち、アに当てはまる数値として最も妥当なのはどれか。

ベイズ統計では、事前確率に条件付き確率のデータを加味することで、事後確率を算出する。例えば、40歳の者が肺ガンを患う確率は1%、肺ガンを患っている者の検査Aの結果が陽性になる確率は90%であるとする。また、肺ガンを患っていない者の検査Aの結果が陽性になる確率は9%であるとする。このとき、40歳のある者の検査Aの結果が陽性であった場合、この者が実際に肺ガンを患っている確率は、次の①及び②のように計算することができる。

①実際に肺ガンを患っている者が検査Aを受け、その結果が陽性になる確率は、1%の中の90%であるため、0.01 × 0.9 = 0.009となる。一方、実際には肺ガンを患っていない者が検査Aを受け、その結果が陽性となる確率は、99%中の9%であるため、0.99 × 0.09 = 0.0891となる。

②検査結果が陽性であった者のうち、実際に肺ガンを患っている確率は、0.009 + 0.0891 = 0.0981のうち0.009であることから、0.009 ÷ 0.0891 ≒ 0.09となる。

したがって、この者が肺ガンを患っている確率は約9%であるといえる。

以上を踏まえて、次の条件付き確率を考える。

40歳の者が胃ガンを患う確率は10%であるとする。胃ガンを患っている者のうち飲酒習慣のある者の割合は、胃ガンを患っている者の60%であり、胃ガンを患っていない者のうち飲酒習慣のある者の割合は40%であるとする。また、胃ガンを患っている者のうち喫煙習慣のある者の割合は、胃ガンを患っている者の70%であり、胃ガンを患っていない者のうち喫煙習慣のある者の割合は30%であるとする。このとき、40歳のある者が飲酒習慣も喫煙習慣もある場合、この者が胃ガンを患っている確率は［ア］%である。

選択肢　①　14　②　21　③　28　④　35　⑤　42

■　解答・解説

長い。。。しかも、**ベイズの定理は、若干難易度が高い**問題ですね。まともに相手をしては、時間がいくらあっても足りません。セオリーは、**まずは「具体例当てはめ」**です。仮に100人いるとすれば、胃ガンは10人、非胃ガンは90人。飲酒習慣があるのは10人中6人（60%）、ないのは90人中36人（40%）なので、飲酒習慣者は6÷（6+36）≒14%が胃ガンです。同様に、喫煙習慣者は7÷（7+27）≒21%が胃ガンですね。

この時点で「① 14」は100%間違い、「② 21」も喫煙習慣だけで約21%ですので可能性はほぼゼロで消しです。また、仮に両方が独立しているとしても、14%+ 21%= 35%ですので、「④ 35」はそう考える人のトラップで消し。「⑤ 42」は論外。ということで、**消去法により「③ 28」を導きだせれば、ベイズ云々を理解できなくても正解**となります！　これがプロ！

正式なベイズを用いた解法は割愛しますが、ベイズを使った有名な問題を紹介します。

<モンティ・ホール問題（1975年）>

いま、目の前に3つのドアがあり、1つのドアの後ろには景品の新車、他の2つのドアの後ろにはハズレのヤギがいます。挑戦者は、1つドアを選択した後、司会のモンティは残り2つのドアのうちハズレの1つを開けます。ここで、挑戦者は最初に選んだドアを、残りの1つのドアに変更しても良いと言われます。挑戦者は、ドアを変更すべきですか？

選択肢　①初志貫徹！　②せっかくなので乗り換え　③確率1/ 2なのでどっちでもいい

■ 解答・解説

結論から先に言うと、この問題、**正解は②**なのです!! 最初に選んだドアが当たる確率は単純に1/ 3。それ以外の2つのドアが当たる確率は各1/ 3なので両方で2/ 3、これを司会が1つに絞ってくれるので「1/ 3対2/ 3の勝負」、つまり②**の方が確率は2倍高まります！**

ご納得頂けない諸兄姉は、「フツーの感性」があるといえます。実はこの問題、1990年にマリリン・ボス・サヴァント氏が自身のコラムで上記の解説をしたところ、**1万通近い批判投書が殺到し、うち1,000通近くは博士号保持者（プロ数学者含む）**からでした。

確かに直感的には③でしょうし、変えて外れたら後悔するので①という心理もあります。いくら数式で**理論的に正しくてもフツーの人々は理解できないことを理解**し、時に相手のレベルに合わせ説明方法（レトリック）を工夫することも、社会に出ると必要です！

<【参考】確率が2倍になることについての「ベイズの定理」を用いた解法>

A・B・Cの当選確率は、等しくP(A)＝P(B)＝P(C)＝1/ 3とする。司会がBを外れと教える確率をP(OpenB)とすると、挑戦者がA·B·Cを選んだ際の条件付き確率はそれぞれ、

Aが当たりの場合：BとCどちらでも良い=1/ 2　・・・　P（OpenB | A）
Bが当たりの場合：Bは絶対に開けない=0　　・・・　P（OpenB | B）
Cが当たりの場合：必ずBを開ける=1（100%）・・・　P（OpenB | C）

となる。司会がBを外れと教えたときにCが当たりである条件付確率P（C | OpenB）は、

$$P(C \mid OpenB) = \frac{P(OpenB \mid C)\times P(C)}{P(OpenB)} = \frac{P(OpenB \mid C)\times P(C)}{P(OpenB \mid A)\times P(A) + P(OpenB \mid B)\times P(B) + P(OpenB \mid C)\times P(C)}$$

$$= \frac{1\times\frac{1}{3}}{\frac{1}{2}\times\frac{1}{3}+0\times\frac{1}{3}+1\times\frac{1}{3}} = \frac{\frac{1}{3}}{\frac{1}{6}+\frac{1}{3}} = \frac{\frac{1}{3}}{\frac{1}{6}+\frac{2}{6}} = \frac{\frac{1}{3}}{\frac{3}{6}} = \frac{\frac{1}{3}}{\frac{1}{2}} = \mathbf{\frac{2}{3}}$$

となり、Aの当選確率1/ 3よりBを外れと教えたときのCの当選確率2/ 3の方が**2倍有利！**

【就活コラム　essence 4】ES（1）ガクチカ

就活は、試験得点能力や IQ 的な頭の良さ「**認知能力**」と、洞察力や忍耐力等の頭の回転の良さ「**非認知能力**」の総合で判断されます。**前者は学歴や TOEIC の点数である程度客観的に計測可能**ですので、一般に **ES や面接では、後者をチェック**します。中でも「ガクチカ」と呼ばれる「学生時代に特に力を入れたこと」は、どの企業でも必ず問われるネタです。

よってガクチカは、**学問や研究を頑張ったエピソードより、アルバイト、ボランティア、サークル、学園祭、インターン等の方がより効果的**な可能性が高いといえます。特に、自身の属性とは違うメンバーとの協業体験は、高い洞察力と柔軟性の証左にもなるので、積極的に記載すべきと解されます。例えば、大学内での学園祭で頑張った話と、社会人やお年寄りも含むボランティアのエピソード、どちらのコミュニケーション能力が企業からより評価されるでしょうか？ビジネスの場は様々な人々が集まっていますので当然後者となります。前者は、場合によっては「**性別・年齢・人種・教育水準が近い人々の間でしか社交性を発揮できない**」**というレッテルを貼られる危険性**すらあります。

■「型」に当てはめてストーリーを創る！

ガクチカは 300 字～ 800 字等、様々にあります。ここでは最も一般的な 400 字を想定し、どのように書いて行けば良いかを解説します。結論から申し上げますと、以下の通りです。

	記載内容	アピール要素
1	相手に**印象的なエピソード**選択	他の人に無い**個性**
2	最初は**うまく行かなかった**	**謙虚さ**
3	**問題点**を自己分析した	**洞察力、柔軟性**
4	周囲の人が**アドバイス**をくれた	**コミュニケーション能力**
5	**欠点を受け入れ**、向き合った	**素直さ**
6	欠点の**改善に努力**した	**タフさ、真面目さ**
7	非常に**上手く行って感動**	**熱意**
8	**教訓**を得た（○○を学んだ）	**分析力、時代の流れを掴む能力**
9	支えてくれた**周囲に感謝**	**礼儀**

「非認知能力」をチェックする ES や面接で**重要視されるアピール要素がほぼ網羅**され、かつ、ストーリーも**一旦落としたうえで成長し最後はメデタシメデタシ、という王道**的かつ爽やかな読後感が期待できます。みん就（みんなの就活）やマイナビ等で内定者の ES でのガクチカを見てみると、ほぼほぼこのような文章構成になっていると思います。無理に全て詰め込む必要はありませんが、本構成を書くために、**逆算して大学生活でエピソードを集めておくのも非常に効果的**です。その際、客観的に見て**自分に不足していると予測される要素を補うエピソード**を経験すれば完璧です。自身の世界観を広げ、成長にもなりますからね。**ガクチカは面接官が必ず深掘り**するので、更問も入念に準備しておくと良いでしょう。

第5章　財政学
（Public finance）

－公共経済学が明らかにした「政府の存在意義」－

一足す一が二、二足す二が四だと思いこんでいる秀才には、生きた財政は分からない。
日本史上最強の大蔵大臣・**高橋是清**（1854 ～ 1936）の言葉

第5章　財政学　要約

・「無駄な公共事業」こそ、経済を循環させる！
・公共財の「フリーライダー」対策に財政は有効！
・国家予算の社会保障費と借金 (JGB) は想像以上！

1923年に発生した**関東大震災。その影響は経済にも波及**しました。現在の丸紅並に絶頂を誇っていた総合商社「鈴木商店」が、震災手形という借金の影響等で信用を失い、破産。その煽りで休業に追い込まれる銀行も出てきたのが、世に言う「**昭和金融恐慌**」。それを、**紙幣を印刷しまくって銀行店頭に積み上げさせ、預金者に安心して頂くことで収束**させたのが、日本史上最強の大蔵大臣（現在の財務大臣）・**高橋是清翁**です。その直後に起きた、**世界恐慌。世界最速で脱出したのはどの国**か知っていますか？**実はJAPAN**、それを達成したのも高橋是清翁です。何をしたか？借金をしてでも軍事予算増額と時局匡救事業と銘打ち、土木工事を、無駄と言われようとも全国各地で行ったのです。時を同じくして実施された、世界史に残るアメリカの**「ニューディール政策」と同様の、いわゆる「ケインズ政策」**です。

政府が無理矢理でも土木工事をすれば、働く職人さんのお給料は増え、より多くお酒が飲めます。それで儲かった飲み屋さんは、そのお金で旅行に行けます。それで儲かった観光地で働く人々は・・・、の連鎖で、止まっていた経済の血液ともいえる「お金」が、ぐんぐん回り始めます。政府が1兆円の土木工事をすれば、めぐりめぐって1.2兆円のGDPが増加する。**一足す一が二、ではなく、三にも四にもなるのが「財政乗数」という考え方**です。

但し、元手が借金、と申しますか日本銀行券を刷りまくっている錬金術なので、経済理論では、貨幣価値下落（物価上昇）する「**インフレーション**」が起こります。日本が世界恐慌を脱出した後も**その兆候があったので、高橋是清翁は逆にお金を使わない**ようにして財政をコントロールしようとしました。その結果**軍事予算の縮小に立腹した軍部の恨み**を買い、歴史に残る1936年「二・二六事件」で青年将校に暗殺されてしまいました。軍部の方々も「経済学」を知っていて、**世界恐慌を脱出するための一時的なバブル**だと理解していれば、歴史も変わっていて、第二次世界大戦も無かったかもしれません。

2020年の**コロナ禍で日本政府は一人10万円、持続化給付金100万円等、巨額の財政出動**をしました。当然、**異常事態に時に経済を支えることが、政府の存在意義**ですので、財政学的には正しい政策です。但し、人々が将来の増税時に暴動や、支援を当然と考え要求ばかりして真面目に働かなくなる「善きサマリア人のジレンマ」に陥らなければ良いのですが。。。

■「無駄な公共事業」こそ、経済を循環させる！

上述のとおり、一見**無駄と思える公共事業も、疲弊した経済を循環させ、復活させる効果**があります。もちろん、無駄なものよりは役立つ施設の方が良いのですが、特に「**地方創生**」が趣旨なら、地元の中小工務店で施工可能な工事に限定されるのかもしれません。財政乗数的な考え方では、**土木工事が最も波及効果が見込める**と言われています。

■ 公共財の「フリーライダー」対策に財政は有効！

財政学で外せない言葉として**マスグレイヴ氏の「財政の3機能」**があります。カッコ良い名前ですよね、マスグレイヴって。**財政の3機能とは、①資源配分上の機能、②所得再分配機能および③安定化機能**、です。③の具体例が、前ページで述べた公共事業ですね。好景気と不景気を繰り返す経済について、できる限りその**悪影響を弱め経済を安定化させる機能**です。②は、高額所得者から税金をいっぱい取り、経済的弱者に対して年金・医療・介護・生活保護等の社会保障で支援する機能です。**人々の経済的格差を是正し、公平性のある所得分配の実現も、財政学の目的**なのです（お金ばかり考えている人非人ではないですヨ！笑）。そして最後の①、**これが最も重要な財政の機能です。効率的な資源配分を目的**とする、財政の機能のことです。市場経済が非効率になる場合については第2章ミクロ経済学でも触れたとおり、①独占、②外部性、③情報の非対称性があります。例えば**公害という負の外部性が生じているなら、政府の財政政策として汚染発生源に環境税の賦課**を行うこと等です。企業は、税金が負担と思い工場を閉鎖するも良し、継続稼働するも良し。後者なら、政府は徴収したお金で環境改善対策を実施することができます。

また、資源配分上重要なのが、非競合性と排除不可能性の性質を有する「**公共財**」の場合です。例えば、暗い**夜道を照らす街灯は、全員が助かります**ので、お金を出し合ってでも設置したいところです。でも「**私は暗くても怖くない**」「**僕は暗視能力あるから**」**と支払いを拒否**したらどうでしょうか？　それが真実なら、応益負担という意味で妥当です。しかし、街灯は道を通る人**全員が明るさを享受できますし**（非競合性）、結果的に街灯で明るくなった**道を歩くなとも言えません**（排除不可能性）。この状況なら、人の内心はバレないので、本当は暗いのが怖いのに**嘘をつき、お金の負担なく、明るさを享受**することが可能です。これを「フリーライダー」と呼びます。フリーライダーを**防ぐためには、応能負担として全員から負担能力に応じた税金を徴収し、政府が税金で街灯を設置すれば解決可能**です。

公共財の分析は、厳密には「公共経済学」ですが、財政学の教科書にも頻出します。英語で表記すれば、財政学も公共経済学も「Public Finance」と、同じ名称ですからね。

■ 国家予算の社会保障費と借金（JGB）は想像以上！

最後に、予算規模もざっくり把握しておきましょう。一般的に**予算とは、国（中央省庁）の一般会計予算**をさします。特別会計（特会）や地方政府（地財）も入れると、交付税等で二重カウントになりますからね。**2021年度予算は107兆円**、うち歳出上位3つは**社会保障36兆**、国債費24兆（借金元本返済15兆+利払9兆）、地方交付税16兆。**社会保障費は1990年12兆円と30年で3倍！**公共事業・教育・防衛は5〜7兆円でほぼ変化なしのため、福祉行財政の重要さが顕著です。歳入上位3つは税収57兆円、公債金（借金）44兆円、他6兆円です。**借金元本返済が15兆円、借金は44兆円**ですから、借金は雪だるま状態マジexpansion! 財務省「日本の財政関係資料」（令和元年10月）によれば、2016年時点の**債務残高対GDP比は全世界188か国中、JAPANは堂々の188位**です！　ひょえ〜（><）

第5章　財政学　全体像フローチャート

財政学は、**非常に幅広い学問分野**ですので、全体像フローチャートの作成は困難ですが、様々な教科書を参考に、最大公約数的に整理してみました。**公共経済学は、ミクロ経済学の一分野でもありますが、財政学にも関連が深い**ので、用語をいくつか示しておきます。

財　政　学 →【第5章】

政府の経済活動
　政府の形態
　　資本主義／社会主義
　政府の大きさ
　　大きな政府
　　　ケインズ（ニューディール政策）
　　　福祉国家（**福祉行財政と福祉計画 →【第7章】**）
　　小さな政府
　　　アダム=スミス（夜警国家）
① **マスグレイヴの財政3機能**
②　　資源配分上の機能（フリーライダー防止　等）
　　所得再分配機能（累進課税制度　等）
③　　安定化機能（ビルト・イン・スタビライザー　等）

SNA（GDP 統計）における政府の状況
　一般政府
　　中央政府／地方政府／社会保障基金
　　公的企業（金融／非金融）
④ **プライマリーバランス（基礎的財政収支）**
④ **債務残高対 GDP 比**

政府の予算・決算
　国の予算・決算
　　当初予算／補正予算
　　一般会計／特別会計
　　社会保障費
　　　4経費（年金／医療／介護／少子化）
　　　その他（生活保護／失業　等）
　　基幹3税（所得税・法人税・消費税）
　　財政投融資（財投）
　　地方交付税交付金
　　国民負担率
　地方の予算・決算
　　地財計画／地財白書／地財統計
　　　民生費（扶助費）

経済政策 →【第8章】
　農業財政
　　農業基本法／食料・農業・農村基本計画
⑤　　6次産業化（生産×加工×販売）
　　ガット・ウルグアイ・ラウンド農業合意
　　農業と貿易関税（TPP ／ RCEP　等）

民営化
　政府の失敗（民営化の必要性）
　　予測／強制力／縦割り／安定・前例志向／X 非効率性
　受益者負担の原則
　PFI（Private Finance Initiative）

公共経済学
　公共財
　　非競合性／排除不可能性
　　共有地（コモンズ）の悲劇
　囚人のジレンマ
　　フォークの定理
　ピグー税
　　コースの定理
　リンダール均衡
⑥ **資源の呪い（Resource curse）**

租税法（税制）→【第6章】
　3原則（公平・中立・簡素）
　　垂直的公平／水平的公平（クロヨン問題）
　税の分類
　　直接税／間接税
　　一括固定税／攪乱税
　　総合課税／分離課税／源泉課税
　　累進税／逆進税／比例税
　　国税／地方税
⑦ **確定申告**
　　収入／所得／所得控除／税額控除
　ベンサム的基準／ロールズ的基準
　資産課税（金融課税）
　　キャピタルゲイン／インカムゲイン
　　閉じ込め効果（lock-in effect）
　消費税の転嫁（弾力性）
⑧ **ラムゼイ・ルール**
　ラッファーカーブ
　ブラケットクリープ
　シャウプ勧告

公債（政府の借金）
　国債（JGB: Japanese Government Bond）
　　4条公債（建設公債
　　特例公債（赤字国債）
　　長期国債／中期国債（中国ファンド）／短期国債／チーペスト
　　デュレーション（満期の期間構成）
　　金利スプレッド（主に10年国債との金利差）
　　マイナス金利
⑨ **クラウディング・アウト**
　リカードの中立命題／バローの中立命題
　　OLG モデル／貯蓄理論（王朝モデル／利他・戦略的遺産動機 等）
⑩ **現代貨幣理論（MMT）**

財政の将来推計
　中長期試算（内閣府）
　財政経済モデル（財務省）

第5章　財政学　重要用語トップテン

本章での1ワードピックアップは「財政3機能」です。財政学的にも最重要用語ですが、この **Three point theory は、iPhone のスティーブ・ジョブズ氏も多用した超有用プレゼンスキル**ですからね。ただ「3機能」という数字だけで引き合いに出したのは強引ですが。。。

第6章から第 10 章の間、フローチャートと重要用語トップテンはしばらくお休みします。第 11 章の経営学から再開しますので、本コラムを続けて**読みたい方は、P.78 に Go!**

	用語	英語名	内容	
①	**財政3機能**	The theory of Public Finance	定義	**マスグレイブが提唱した、資源配分・所得再分配・経済安定化**という、財政が有する3つの機能のこと。
			例	「**3点あります**」は、①要点を絞った印象、②聞き手の心の準備と共通認識醸成、③「3」は心理学的に良い、という3つの利点あり！
②	**フリーライダー**	Free rider	定義	「非排除性」がある財貨・サービスについて、**対価を支払わないで便益を享受**する者のこと。タダ乗り野郎。
			例	「**タダより高いものはない**」、危ない情報や就活アプリには要注意！一方で、高額教材や**無駄な出費も必要なし**。メリハリをつけて！
③	**ビルトインスタビライザー**	Built in stabilizer	定義	財政自体に備わっている、**景気を自動的に安定**させるプロセス（装置）のこと。累進税等（累進税は、所得再配分機能もあり）。
			例	**安定は大事**です！資産運用も、現金と土地のように、逆方向の財産でポートフォリオを組みリスクヘッジをします。就活もリスクヘッジを！
④	**プライマリーバランス、債務残高対 GDP 比**	Primary Balance, Debt-to-GDP ratio	定義	**プライマリーバランス**：公債関係以外の歳入と歳出の差。**フロー**。 **債務残高対 GDP 比**：公債を GDP で除し、国際比較可能に。**ストック**。
			例	面接での当意即妙さ（フロー）と積み上げた実績や信頼（ストック）、**就活では両方の観点が重要！**　恋愛（フロー）と結婚（ストック）も。
⑤	**6次産業化**	Sixth industry	定義	1 次（生産）・2 次（加工）・3 次（販売）の**各産業を融合することで、新しい価値（バリュー）**を形成しようとする取り組みのこと。
			例	キラキラしたブランド店も、バッグを作る人、その生地を作る人等、**表に出ない地味な努力の融合があってこそバリュー**となります！
⑥	**資源の呪い**	Resource curse	定義	石油や鉱物資源等の**天然資源が豊富な国ほど**、それに反比例して資源の少ない国よりも**工業化や経済成長が遅くなる**、という逆説。
			例	天性の美貌や才能にアグラをかくと、驕れる者は久しからず状態。逆に**成長する努力を今すれば、その輝きは何倍**も発揮可能！
⑦	**確定申告**	Final tax return	定義	1 年間の所得をとりまとめて所得にかかる税金を計算し、**国（税務署）に納めるべき税額を報告**する手続きのこと。
			例	脱税をすると、国税当局の当該職員は怖いので、ほぼバレます‼百戦錬磨の面接官を相手にする就活も**正直にすることが近道！**
⑧	**ラムゼイ・ルール**	Ramsey rule	定義	税率は、その財に対する需要の価格弾力性に反比例すべきとの理論。この理論によれば**生活必需品は高税率、贅沢品は低税率**となる。
			例	就活が買い手市場だと、弱みに付け込む最低企業も出てくるでしょう。そういうブラック企業は必ず淘汰されるのでスルーで。**正義は勝つ！**
⑨	**クラウディング・アウト**	Crowding out	定義	公債発行による政府支出の拡大によって金利が上昇し、結果的に民間の資金調達が**押しのけられ民間投資が減少**してしまうこと。
			例	良かれと考えてやったことも、結果的に裏目に出ることは多々あり。そこで心折れず、色々対策を練るその**過程こそが「成功」**です！
⑩	**現代貨幣理論（MMT）**	MMT: Modern MonetaryTheory	定義	変動相場制で自国通貨を有している政府は、税収ではなく、インフレ率に基づき財政支出すべきという新たな財政理論。**お金刷りまくれ論**。
			例	信用とは、積み上げるには多くの苦労が必要ですが、失うのは一瞬。今までの努力を水泡に帰することないよう**甘い言葉に乗らないで！**

第5章　財政学　問題演習

財政学も公務員試験頻出なので、まずは王道的な試験問題を見てみましょう。

<2005 年度　地方上級（東京都）財政学>

マスグレイブの財政理論に関する記述として、妥当なのはどれか。

①財政の機能を所得再分配機能、資源配分機能および経済安定化機能の3つに分類した上で、地方財政は所得再配分機能のみを担うべきとした。

②価値財の概念を導入し、民間による供給が可能でも、社会的に望ましい価値があるため、政府が消費者主権に介入して供給すべき財があるとした。

③租税制度については、公正かつ中立であることを最も重視し、景気調整や経済成長などのために財政政策として用いるべきではないとした。

④戦争などの社会的変動を契機として、政府支出の水準が高くなるとする転位効果と財政支出が中央政府に集中する集中過程を指摘した。

⑤公共選択論を展開し、民主的政治過程は財政赤字を常態化させることを指摘し、これに対処するため、均衡予算原則に従うべきこととした。

■　解答・解説

問題の内容解説に入る前に、この問題が出された**年度に注目してください。何と 2005 年！** 諸兄姉の幼少期（場合によっては生まれる前）の、大先輩と申しますか、もはやレジェンドクラスの問題ですね。経済学・財政学等は、既に定評のある分野から出題されることも多く、**数十年前の問題も半分以上は現役で通用**します。もちろん、時事的問題、制度変更の問題は要アップデートですが、定評ある問題は、かなり昔の過去問でも十分利用価値があるため、古本をメルカリやヤフオク、BOOKOFF 等で安価で入手し、活用しましょう！

さて、本問は「**ザ・財政学**」こと、**マスグレイヴ**に関する問題ですね。超カッコいい名前（「黒猫のウィズ」の魔導学園主人公と同じ名前）ですので、ぜひ覚えておきましょう！笑

①は、地方財政は所得再配分機能ではなく「資源配分上の機能のみ」ですね。国税は所得が上がれば税率も上昇する「累進課税」である一方、地方税は定額の「均等割」や 10% 固定の「所得割」であることからも、資源配分上の機能及び安定化機能は中央政府が担うべきとするマスグレイブの主張は推測できそうです。②は、若干難しいためとりあえずスルー。③は、3機能のうち「安定化機能」でむしろ推奨しています。④と⑤は、若干難しいですが、別の学者（④がピーコック=ワイズマン、⑤がブキャナン）の主張です。ただ、戦争や中央政府への集中課程、均衡予算原則等は、財政の3機能からは遠いので、**消去法的に②を正解として選べればベストですが、②・④・⑤の3択でもやむなし**です。

みんなが覚えている財政の3機能を真正面から問う問題は差がつかない確率が高いため、少し捻ってきますが、**手持ちの知識で1つでも2つでも選択肢を消して粘りましょう！**

続いて、「**政府規模の大小**」に関する問題を考えてみましょう。

<著者作成>
大きな政府と小さな政府、どちらを支持しますか？最高に大きな政府を100、小さな政府を0として、①現在の日本の位置、②理想と考える位置を、理由と共に述べてください。

■ 解説

このような**正解のない問題では、①定義、②日本の現状、③国際的な状況、等のfactを書くことが重要**です。もちろん、授業なら担当教員、試験なら出題委員の思想に沿った内容の方が言葉足らずでも採点者が脳内補完してくれて高得点となる可能性は高まりますが、factがどの程度書けているかの方が、ずっと重要なポイントとなります。

■ 以上を踏まえた解答例

現在：35、理想：35

大きな政府とは、政府・行政等の規模・権限を拡大しようとする思想または政策である。ケインズの考え方を反映した「ニューディール政策」が代表例である。一方、小さな政府は、政府・行政など公組織・国営企業の規模・権限・介入を可能な限り小さくしようとする思想または政策である。具体的には、アダム=スミスの「夜警国家」がこれに該当する。

極限に大きな政府を100、小さな政府を0とすると、日本の現状は「35」であると考える。日本の時系列で考えれば、老人医療費が無料となった1973年頃は大きな政府といえるが、現在は国民負担が増加していること、また「聖域なき構造改革」等により国家公務員や公共事業費等が削減されていることから、小さな政府寄りになっているといえる。国際比較で考えれば、OECD諸国を歳出の対GDP比で比較すると、平均よりやや少ない。但し、主観的には日常生活に大きな不便を感じないため、下位1/3には入らない程度の35を現状とした。

理想は「35」であると考える。すなわち、予算規模の現状維持である。特に社会保障費が高齢化の影響により毎年数千億円増加しているが、これ以上の負担増は、現役世代の勤労意欲減退を招くため難しい。よって、給付制度を維持するのではなく、予算に「キャップ」を設けることが妥当と解する。実質的に社会保障給付水準の切り下げとなるが、限られた予算でも、例えば胃ろう等の延命措置から緩和ケアへの転換等、諸外国の事例も参考に、QOLを向上させる工夫を社会として考えることが肝要である。(636字)

■ 補足

極限に大きな政府は**「社会主義／全体主義」という独裁**、極限に小さな政府は**「無法地帯」という弱肉強食**です。前者は「自由」が無く、後者は「安全」がありません。例えばお酒。小さな政府は、作るも、飲むも自由です。しかし、製造管理できないので成分の保証は無く、飲酒運転も放置です。一方の大きな政府は、政府が管理と統制をし、場合によっては禁酒令を出すことも可能です。しかし世界史上、クロムウェル氏や1920年前後のアメリカ禁酒法のように、人々の不満増大、密造横行、アル・カポネ氏等のギャングの繁栄等、裏目も多数。

報道で例えればどうでしょう？政府が支配してしまうと「大本営発表」となり、歴史的上、戦争の悲劇を招いてしまいました。しかし自由に任せていては偏向（チェリーピッキング）・誘導・ゴリ押し・報道しない自由が横行。北京オリンピック報道でウサイン・ボルト選手を「オレがナンバー1だ!」、マイケル・フェルプス選手を「僕には強い競争心があります」と、翻訳の言葉を意図的に変えるだけで、人種への印象操作さえ、できてしまうのです。

何にせよ、**極論は危険**といえます。これは、**コロナ禍にも応用可能**ですね。

【就活コラム　essence 5】ES（2）志望動機

志望動機も、ESではほぼ全企業で問われるテッパンのネタです。そして、非常に難しいものの一つでもあります。何故なら**社会では言って良いことと微妙なことがある**からです。例えば「御社を志望した理由は、大企業でみんな知ってて自慢できるからです！給料も高く、スーツ着て海外出張したりプレゼンする姿はカッコ良く、モテそうだから志望しました」。99.999%、秒殺で「そうですか、お出口はあちらです」、後日お祈りメール（不採用の通知、最後が「ご健闘をお祈りします。」という、最高にイラっとするメール）のコースですね。でも、例えばこんな感じに言い換えたらどうでしょう？「御社を志望した理由は、業界最高水準の実績及び業務規模の大きさです。ビッグプロジェクトに携わり、日々研鑽して、成長できる環境は、何よりの魅力です。また、グローバル時代の架け橋として、得意の語学力と異文化コミュニケーション能力を活かし、御社に貢献したいと考えております。」まぁまぁ良い感じになりましたね。結局、**社会人は「TPOに応じて適切な言葉を選べるか」**なのです。

■　企業ホームページは宝庫！

志望動機のセオリーは「**何故その業界なのか**」、「**何故その企業**なのか」、「自身**どんな貢献**ができるのか」を盛り込むことです。順に説明を加えましょう。

まず、「何故その業界なのか」。これは、大別して2つ、**急成長を理由**とするものと、**自身の経験が理由**という話術があります。急成長している業界（例えばコロナ前はインバウンド、IT業界）は時代の流れを察知できる能力と意欲、例えば「**現在、社会で最も必要とされている業種だから**です」等の企業側の心をくすぐる言葉が効果的と考えられます。一方、**成熟している業界の場合は、ご自身の経験を絡めた方がより説得的**です。その業界でインターン経験があれば一番良いですが、例えば大学で環境経済学を学び、環境関連業界を志望した等も立派な動機です。

次に、「何故その企業なのか」。この対策には**企業ホームページが情報の宝庫**です。会社のビジョンや経営理念、決算説明等のIR資料、社長や先輩社員のメッセージ。これらから、自**分自身が心動かされた言葉や、自分の特性を活かせそうな部分**をESに落とし込みます。その際、**企業が使用している言い回しを活用**すると、業界研究のアピールにもなります。

最後に、「自身どんな貢献ができるのか」。社交性、語学力、分析力、心身のタフさ。人により特性が様々ですが、就活ですので、**企業の「需要」に合致した自分を「供給」**する必要があります。端的にいえば、「**この人と一緒に働きたい**」と思わせることが肝要なのです！自分で起業する場合は、変におもねずブレない「個」のあるタイプが良いでしょう。経営学でいえば「**プロダクトアウト**」、個の能力から戦術を組み立てる考え方です。しかし、企業に就職する「就活」を考えるなら、企業のニーズを汲み取った自分を供給する「**マーケットイン**」という視点が重要です。戦術に合わせて個を当てはめる。その意味で、不慣れなポジションでもこなせる「ポリバレントな能力」な総合力が重要となってきます。日本では。

第6章　租税法
（Tax law）

―国の栄えの泉なる税政の道―

ベストセラー作家の**アガサ・クリスティ**は「税金を払うために一年一冊は書かねばならないが、**それ以上書けば国税庁を太らせるだけの愚行**」として執筆を抑えていた。

Wikipedia「累進課税」の項目の一節

第6章　租税法　要約

・所得税、法人税、消費税を基幹3税という！
・公平中立簡素の3原則、直間比率、地方税も重要！
・関心はなくとも、関係せざるを得ない税・財政！

Wikipedia ソースで語るのは、孫引きを禁じ原典参照を当然とする学問上は禁忌ですが、手軽にある程度の情報を取っ掛かりとして得る上では有益です。このアガサ・クリスティ氏の話の真偽も分かりませんが、とても共感を呼ぶ話ではありますね。**税率が0% であれば、税収は0円**ですが、もっと面白いミステリー作品が生まれたかもしれません。一方で税率が**100% なら働く人は「そして誰もいなくなった」**状態でしょう。この場合も**税収は0円**です。

税率を 100% から 70% に減税すれば、100 万円稼いで 70 万円取られると思うと勤労意欲は湧きませんが、1 億円稼げば手元に 3,000 万円残ると考え働く人もいるでしょう。これは、税率 100% と比較すれば税収増、故に**「税率下げて税収アップ」は理論的にあり得る**のです！例えば法人税。海外の法人税率が著しく低いために「産業空洞化」が日本で起こってるなら、日本も法人税率を下げれば企業の国内回帰を促し、法人税収が増加します。これを「法人税のパラドクス」と呼びます。他にも、日本に戻ってきて工場を日本に作れば固定資産税や、そこで働く人々の所得税の増加も期待できます。つまり、よくメディアで聞く**「法人税減税は、大企業優遇で許せない！」という報道は、波及効果を無視した偏った見方**といえます。

もちろん、海外に比して日本の法人税は著しく高い、既存企業の税収減を帰ってくる企業からの税収増が上回る等、条件もあります。実際、この考え方を導入して**失敗したと言われるのが、アメリカのレーガン政権**です。1981 年にレーガン大統領は「Kemp-Roth tax cut」という減税政策を行い、個人所得税の最高税率を 70% から 50% に大減税しました。これは、経済学者のラッファー氏が「税率と税収をグラフで表すと、最初は税率の上昇に伴い税収は伸びるが、ある点を境に税収は伸び悩み、税率 100% では税収ゼロ、つまり山のような形状になる」と、「**ラッファーカーブ**」と呼ばれるグラフを紙ナプキンに書いて説明したことが理論的支柱となったと言われています。しかし、税率 70% は、当時のアメリカでは山の左側だったようで、50% に減税するとフツーに税収減となり、パラドクスは起きませんでした。

■　所得税、法人税、消費税を基幹3税という！

上記で法人税と所得税の話をしましたが、税金には色々な種類があります。諸兄姉も毎日のように支払う消費税、お酒にかかる酒税、温泉に入った際にかかる入湯税もありますね。**税収を考える時に大事なのは、その「規模」**です。環境税（ピグー税）等の行動変化を意図した税金もありますが、基本的には**社会保障や教育等の「必要な財源」として課す**訳です。2021 年度の国の税収 64 兆円の内訳は、**消費税 22 兆円、所得税 20 兆円、法人税 12 兆円で、この3税で全体の 84%** を占めています。4番目の相続税2兆円であり、この3税が突出しているため「**基幹3税**」と呼び、政府の財源や財政再建を考えるうえで重要視されています。

■ 公平中立簡素の3原則、直間比率、地方税も重要！

税を考えるうえで、何が重要でしょうか？学術的には、例えば、アダム・スミスの4原則（公平・明確・便宜・最小徴税費）、ワグナー4大原則（財政政策・国民経済・公正・租税行政）、マスグレイヴの7条件（十分性・公平・負担者・中立・経済の安定と成長・明確性・費用最小）等があります。**現在の日本では、より端的に「公平・中立・簡素」を税の3原則**として掲げています。「中立」は税制が個人や企業の経済活動を歪めるべきではないという意味、「簡素」は税制の仕組みは人々に理解しやすいものであるべきという意味で文字通りですが、**「公平」については、人によって違いますよね？**一人10万円等の定額の「**人頭税**」、所得に対し税率10%等「定率税」、最低限の生活に必要な一定額の所得までは課税せず、お金持ちになるほど税率を高くする応能負担的な「**累進課税制度**」、実際に施設やサービスを使って便益を得た人が相応額を支払う「**応益負担**」。どれもある種の「公平」といえます。

そこで**学術的には「垂直的公平」と「水平的公平」**を、税の3原則でいう「公平」と解釈しています。**「垂直的公平」とは**、負担能力に応じた課税をすべきという**応能負担**の考え方です。累進課税制度等がこの考え方ですね。一方の**「水平的公平」とは**、負担能力が同じ者には等しい負担をとする考え方です。当たり前のようですが、実際は「クロヨン問題」といって、税務当局が所得を把握しているのが給与所得者9割、事業所得者6割、農業所得者4割（9・6・4なのでクロヨン）、つまり**脱税があるため不公平**だという指摘があります。この公平性を担保のため、国税職員は嫌われても毎日夜遅くまでお仕事を頑張っています。尤も、冒頭のアガサ・クリスティ氏のように、**人々は国税庁を毛嫌い**しますが（><）。。。

税には他にも色々な論点があります。例えば、所得税・法人税といった負担者が納税者の「**直接税**」と、消費税等税の負担者と納税者が異なる「**間接税**」の比率、「**直間比率**」です。日本やアメリカは概ね半々ですが、**欧州は間接税の方が圧倒的に多いのが特徴**です。実際、VAT、GST等呼称は様々ですが、**欧州は消費税率が何と25%前後の国がゴロゴロ存在**します。ノルウェー・スウェーデン・デンマークの北欧勢は25%、最大は**ハンガリーの27%**です！

他にも、国税と地方税の区分けも重要ですね。住民税や地方消費税のように国税にリンクするものと、固定資産税や事業税のように地方独自のものがあります。

■ 関心はなくとも、関係せざるを得ない税・財政！

公地公民と租庸調制、楽市楽座の税免除、年貢と百姓一揆。**太古の時代から税金は存在**し、人々と政府の間で様々なせめぎ合いがありました。最近だとドラマ「半沢直樹」で国税局の統括官・黒崎駿一役との攻防に胸を躍らせた方もいらっしゃるのではないでしょうか。誰も税金なんて払いたくありません。ですが、税金がないと社会保障をできず、道路や水道等の社会基盤も整備できません。**税や財政には関心はなくとも、関係はせざるを得ない**のです。また、**税・財政は、お金というツールで世の中の全ての業種にコミットできるお仕事**です。諸兄姉で高い能力を有しながら「将来特にやりたいこと無いなぁ。。。」と決め切れない方は、**税・財政の国家公務員として総合力を発揮するのも、一つの選択肢**かもしれません。

第6章　租税法　問題演習

租税法は、財政学も問題の一部として公務員試験で頻出です。

<2009 年度　国税専門官試験　専門試験「経済学」>

ラムゼイ型の最適課税理論に関するA、B、Cの記述のうち、妥当なもののみをすべて挙げているのはどれか。

A：各財の補償需要が相互に独立である場合、各財の税率は各財の需要の自己価格弾力性に逆比例するように決定されなければならない。

B：資源配分の効率性の観点から、生活必需品には相対的に低い税率で課税する一方、贅沢品には相対的に高い税率で課税することになる。

C：所得配分の公平性の観点から、所得水準の低い人が相対的に多く消費する財には高い税率を適用する一方、所得水準の高い人が相対的に多く消費する財には低い税率を適用することになる。

選択肢　①A　②B　③C　④A、B　⑤A、B、C

■　解答・解説

P.41の重要語句⑦で紹介した「**ラムゼイ・ルール**」に関する問題ですね。まず選択肢Aは、正しい記述です。価格弾力性が高い「奢侈品」は少しでも高くなると「その値段なら、要らないや」と需要が減るので、値上げにつながる増税はできません。一方、価格弾力性が低い、つまり「生活必需品」は値上げしても買わざるを得ず、消費税率300%でも購入してくれます（非人道的であり、暴動の危険性があるため実行はされませんが）。よって逆比例がラムゼイ・ルールの特徴です。続いて**Bは瞬殺レベル**、真逆（生活必需品には高税率、贅沢品には低税率）ですので、誤った記述です。最後にCは、非常に難解です。ラムゼイは所得分配の公平性には言及せず、資源配分の効率性の観点のみから課税方式を提唱しており、誤った記述です。しかし、もしこの事実まで勉強していなくても、**Bが不正解の瞬間に選択肢は①と③の2択**に絞られます！**価格弾力性に逆比例というAを選べれば、正解①に十分辿り着ける問題**です！分からない問題があっても、諦めないことが肝心です！

続いて、「**公平な税負担**」に関する問題を考えてみましょう。

<著者作成>

年収500万円のAさんと1,500万円のBさんがおり、この2人ともが等しく便益を受けるための公共財の費用として合計400万円の税金を負担してもらう場合、あなたが考える最も公平な負担割合は？

選択肢 ①200万ずつ ②Bが400万全額 ③A:100万・B:300万 ④A:78万・B:322万

■ 解答・解説

「公平」。全員がこうあって欲しいと切望するこの単語、実は**人によって全然解釈が違う同床異夢**なのです。①の200万ずつは、最もprimitiveな、人頭税的な「公平」です。②のBが400万全額負担は、収入高い人が「男気」を出すべきという体育会系な「公平」です。③のA100万：B300万は、500万円と1,500万円は年収比1：3なので、所得に応じた負担にしようという「公平」です。④は、現行制度上の「公平」(どんぶり勘定ではないですよ)。

この問題を小職の講義で出題したところ、大半の方は③、一部の方は①でした。財政学の用語として、負担能力の大きい人により大きな負担をしてもらうという「**垂直的公平性**」を勉強したため③が一番人気、また、等しい負担能力のある人には等しい負担を求めるという「**水平的公平**」を、人頭税と勘違いして①を選んだ方もいらっしゃったのかもしれません。しかしながら、**この問題の正解は、実は④なのです**！

確かに年収比1：3は分かりやすいです。ただ、一定程度の所得までは、税金をかけない方が人道的ではありませんか？例えば国税徴収法第76条、同施行令34条の規定により、仮に税金を滞納していたとしても、原則として納税者本人につき10万円+納税者と生計を一にする親族1人につき4万5千円との合計額を超える額の8割を限度として差し押さえうるにとどまる、という法律があります。専業主婦とお子さんがいる会社員が月給30万円稼いだ場合、まず19万円は除外し、残り11万円の8割、つまり8万8千円が差し押さえの限度額なのです。税金滞納しているのに、月給30万円で8万8千円だけ。

実際、所得税法上も、一定程度までは非課税の枠があります。給与所得控除や基礎控除というものです。「**国税庁確定申告等作成コーナー**」にて計算したところ、**年収500万円だと**給与所得控除144万円及び基礎控除48万円を差し引いて累進税率を乗じると、所得税額は**21万4,900円**になります。同様に年収1,500万円だと給与所得控除195万円及び基礎控除48万円を差し引いて累進税率を乗じると、所得税額は**266万6,900円**になります。よって、**「累進課税を加味した所得税比」で計算すると、何とA:29.8万・B:370.2万**となります！これは、累進課税制度により、収入が高くなるほど「超過収入分」の税金が高くなるためで、例えばB氏は、900万円超～1,500万円の600万円部分の税率は33%になります。これが、現在の日本の所得税制度を根拠とした「公平」です。

しかし、**私たちの税・社会保険料負担は、所得税だけではありません**。住民税はP.42で紹介したとおり定額の「均等割」や定率の「所得割」、厚生年金保険料は18.3%(労使折半のため私たちの天引き額は9.15%)と定率なので、累進は若干緩和されます。

以上を加味した「**税・社会保険料負担比」で計算する**と、一般的なケースでは、以下図のとおり**77.7万：322.3万円となるため、④が現在の日本では最も「公平」**といえます！

年収	所得税	住民税	社会保険料	負担合計	負担比	400万按分
500万円	14.3万円	31.8万円	70.9万円	117.0万円	19.4%	77.7万円
1,500万円	211.8万円	125.2万円	148.0万円	485.0万円	80.6%	322.3万円

(年収毎の標準的所得税・住民税及び社会保険料負担の出所) https://heikinnenshu.jp/tokushu/tedori.html

【就活コラム　essence 6】面接（Ⅰ）面接全般

essence 5の最後で、就活で最も大事なのは、「**この人と一緒に働きたい**」と思わせること、と述べました。諸兄姉は、どのような人と働きたいと思うでしょうか？空気が読めない人、いい加減な人、約束を守れない人は論外として、凄く頭が良い・超美人等でも、人を見下す鼻もちならない人や高慢・高飛車は、ちょっと距離を置きたくなるのが人情です。

過去数年の傾向を客観的に分析すると、就活で「この人と一緒に働きたい」と思う要素は、**以下の表のようにランキング**されます。トップ10圏外のものも含め、参考にしてください。

1位	コミュニケーション力 （協調性、礼儀、信頼）	特に**相手の話をよく聴き、理解できる力**。性別・国籍・年齢・好き嫌いを超えたコミュニケーション能力こそ大事。**笑顔・挨拶・御礼等の礼儀も！**
2位	洞察力 （気付きに応じた柔軟性）	臨機応変な対応力。故に面接では用意した答えも**即興的にすることが重要**。面接では「**伝えたいこと**」**ではなく**「**聞かれていること**」を意識すべし。
3位	熱意	**絶対にこの会社で働きたい**という意志。入念な業界分析等。家族の反対、地方転勤、結婚・子育て等でも、決して仕事を辞めないという意思も含む。
4位	謙虚さ	**マウントを取る**ような「自慢話」や、プロが聞くと恥ずかしくなるような**中途半端な知識の披露は絶対NG**。誰もが最初はペーペーの新入社員。
5位	時代の流れを掴む能力	**世の中のニーズを察知するアンテナ**。今の日本なら**環境・IT・英語**。SDGs、ESGの用語の使いこなしや、Python・TOEIC等でアピールも有効。
6位	タフさ（体力、精神力）	**肉体的、精神的の両面**。急な仕事でも徹夜できる体力や、理不尽なことも我慢できる忍耐力・精神力のある**体育会系が就活で人気なのは、この点**。
7位	素直さ	浅い経験での反論は視野が狭い可能性があるうえ、**組織も成り立たない**。まずは従順に。但し、意思決定上重要だがボスが**知らない情報の具申**は◎。
8位	真面目さ	**コツコツと努力できる能力**。もし学歴やTOEICで客観的に真面目さが十分伝わっていれば、**強調しない方が逆に謙虚**と映り、良い場合もある。
9位	外見	今時「顔採用」は、人事担当の品性が疑われるため特定業種以外さほど無い。但し「**ビジネスで信頼できる清潔感**」は重要。爽やかさと没個性がカギ。
10位	他の人に無い個性	人事に「あ、○○の●●さん！」と声をかけてもらえる、○○に入る特徴。人事担当が社長に**採用理由を端的に表現できる特徴**があると、強みになる。
圏外	学歴	一定の能力・真面目さの証明であり、応募者多数の場合の**一次選考で有効**。但し、**社会に出て学歴を出す局面は少なく**、面接での洞察力の方が重要。
圏外	資格その他の現状の能力	資格がある、パワポが上手い、実務経験ある等。もちろん**プラスアルファ**にはなり、本人の自信にもつながるが、**上記1～10位の具備が大前提**。
圏外	問題解決力	社会人から見ると、学生が解決したことは大きな問題では無いケースも多く、**強調し過ぎるとイタイ印象**になりがち。マウント取らず謙虚の方が得策。
圏外	リーダーシップ	**独善的に映ると最悪**。但し「学生時代のリーダー経験から、入社したら**リーダーの苦労を理解して行動できる**」というアピール方法なら、最高！
圏外	将来のビジョン （10年後のキャリアプラン）	「まずは周りの皆様から**信頼頂けるよう、与えられた仕事を精一杯**頑張る」「10年後の時代の**ニーズを察知**し、必要とされる価値を提供したい」が無難。
圏外	社会人としての 敬語や日本語力	全ての学生は、入社後に「若者は敬語がなっていない！」と怒られるレベル。小さな**言い間違えも恐れず、笑顔で自信を持つ**ことが肝要。留学生も同様。
圏外	就活の軸	面接で他社の選考状況を聞かれた際の説明上、**必ず作ってはおくべき**。但し時代の変化、**上司が判断する適材適所**を受け入れられる柔軟さの方が重要。

■　面接でのセオリー

対面・オンライン問わず、**面接で重要な上位3点は「爽やかさ」、「目線」、「礼儀」**です。「爽やかさ」は、具体的には就活生らしい**身だしなみや笑顔**です。前髪をピンで止め忘れたがために面接で落とされた東大生女子もいました。「目線」は、見つめすぎると相手は逆に不安になるため、**時折目線を外すことが非常に重要**です。目線の外し方の良し悪しで印象の大半が決まってしまうと言っても過言ではありません。「礼儀」は、お辞儀等はもちろん、**メールの文面やタイミング**等も含まれます。なお、面接の解放感から、**帰路に電話で愚痴**る等は**絶対にやめて**ください。誰が見ているか分かりません。**家に帰るまでが就活**です！

第7章　福祉行財政と福祉計画 (Social Welfare: Public Finance, Planning)

―対等な「人と人」の敬意と社会保障―

『この子らを世の光に。』

社会福祉の父・**糸賀一雄**（1914-1968）が 1965 年に著した本のタイトル

第7章　福祉行財政と福祉計画　要約

・少子高齢化の現代で重要な福祉行財政・計画！
・小さな政府志向の経済学と大きな政府志向の福祉！
・社会福祉士は供給超過も、資格の用途は無限大！

糸賀一雄氏は、知的障害のある子どもの福祉と教育に一生を捧げた、戦後日本の障害者福祉を切り開いた第一人者です。恩恵的･上から目線的に光を当てる「この子らに世の光を」ではなく、**自らが光り輝く存在である「この子らを世の光に」という言葉**を遺されたのは、人はみな生まれた時から特別な存在で、**対等な「人と人」として敬意**を持って接するという精神からではないかと解します。この言葉の含意は、様々でしょう。知的障害のある子どもを光り輝く存在に教育するという責務の現れなのか、支える教育者側も子ども達の笑顔で大きな光のパワーを享受できるという意図なのか、仮に障害を持っていても健康で文化的な生活ができることを証明することで社会全体に安心感という光が射すということなのか。

Wikipedia によると、**福祉（Welfare）とは、「しあわせ」や「ゆたかさ」を意味**する言葉であり、全ての市民に最低限の幸福と社会的援助を提供するという理念を指す、とあります。**この部分だけ読めば、資本主義的なお金儲け、競争社会、効率性等とは対立**する概念です。しかし、経済学的な視座においても、次の3点から福祉は非常に重要と本書では考えます。

第一に、人間が人間らしく生きるためには、**「安心」が重要**なためです。諸兄姉も学歴を目指したり、友達とダベったり、又は本書を読んでくださるのも、「安心」を求めてのことではないでしょうか。組織でリストラが断行されれば、残った人も「次は自分の番かも」と怯え、萎縮するでしょう。起業に失敗したら路頭に迷う世では、誰もチャレンジしません。最低限の**セーフティネットと再起のチャンスがある。それが経済社会の活気**になるのです。

第二に、**消費者の裾野**の観点です。iPad という非常に便利なガジェットを創作しても、購入できる財力のある人がいなければ、社会には役立ちませんし、売上も増えません。一方、apple 社が多額の税金を支払い、その税金で福祉を充実させ、多くの人々が健康で文化的な**生活を政府に保証されれば、iPad を購入できるようになり**、人々は利便性・apple 社は売上という果実を手にして Win-Win となるのです。

第三に**「多様性」の重要さ**です。apple 社の故スティーブ・ジョブズ氏は、実は発達障害であったと言われています。歴史的に、アインシュタイン氏、レオナルド・ダ・ヴィンチ氏、エジソン氏その他多くの**人類を進歩させた偉人に ADHD 等の障害**があったようです。もっといえば太古の昔に世界を支配していた恐竜は、体温調節という一見些末な機能を具備していないこと一点で、絶滅してしまいました。**どの才能がどこで開花するかは分かりません。**変化する世の中で、**人類が繁栄し続けるには自由と多様性を全力で守ることが何より重要**だと考えます。個人毎に見れば栄華を誇る人と不遇な人はいるでしょう。強い光が当たれば、濃い影ができてしまいます。我こそ正義と考え、悪を糾弾する方もいるでしょう。ですが、時流が変わればパワーバランスも変わる諸行無常、**本質的には人間に上も下もない**のです。

■ 少子高齢化の現代で重要な福祉行財政・計画！

以下の図は、1990年と2020年の国の歳入·歳出の比較図です。**税収、公共事業、教育、防衛費等はさほど変化ない一方、社会保障費が3倍以上**になっています。税収が伸びていないので、2020年は「公債金」という名の借金33兆円で埋めています。日本の高度成長期は、通商政策、社会基盤整備（住宅、道路、空港等）の財政が重要視されていましたが、現在は**社会保障の財政が何より重要**となっています。以下の図は国だけですが、ここに地方政府の「**民生費**」や、人々が支払う**社会保険料**を加味すると、社会保障は概ね**120兆円規模（年金55兆円、医療40兆円、介護10兆円等）**となっています。この膨大なお金は、ニーズを踏まえた**中長期計画に基づき執行すべきで、故に「福祉行財政と福祉計画」は重要**なのです。

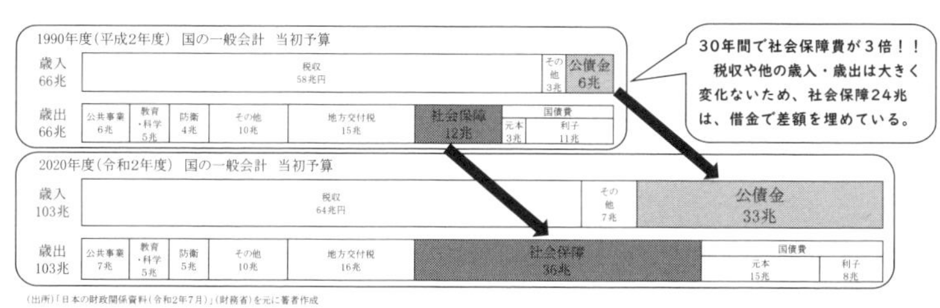

(出所)「日本の財政関係資料(令和2年7月)」(財務省)を元に著者作成

■ 小さな政府志向の経済学と大きな政府志向の福祉！

一般的に、**現代の経済学の潮流は「小さな政府」**志向です。近年、「聖域なき構造改革」「脱ダム宣言」「コンクリートから人へ」「NHKをぶっ壊す」等を唱える政治家が注目されるように、人々は政府の無駄を省いて欲しいという志向が強いようです。**アダム＝スミス氏の「夜警国家」**的な、小さな政府の考え方ですね。但し、目下はコロナ禍で兆単位の財政出動を連発しており、2020年度第2次補正予算は32兆円など、過去類を見ない規模です。不況時は財政出動を拡大させ「大きな政府」になりがちですが、波及効果の大きい公共事業中心になりがちです。世界恐慌時の「ニューディール政策」や日本の高橋財政もそうでしたね。

福祉は、さほど経済波及効果が大きくないと言われるため、ケインズ的な考え方（一時的な景気刺激）ではなく**「福祉国家」志向の結果として「大きな政府」**となります。極端まで福祉志向が振り切れると「社会主義」になります。現状、北欧やフランスは資本主義の枠内で福祉国家の志向が強く、**その分税金も高いので、つまりは人々の社会選択次第**、ですね。

■ 社会福祉士は供給超過も、資格の用途は無限大！

現状、**福祉の最高峰の資格は「社会福祉士」**でしょう。福祉住環境コーディネーター検定や手話通訳士も難関ですが、知名度と守備範囲を考えると社会福祉士一択です。しかし現状、有資格者が多く、新卒での福祉専門職への就職が難しいと言われています。取れるなら取り、**社会の最重要課題に精通している「シグナリング」として、公務員や民間企業で活かす道**もあります。能力証明や二手先の信用アップを見据え、挑戦権がある方はぜひチャレンジを！

第7章　福祉行財政と福祉計画　問題演習

2020.2.2（日）第32回（令和元年度）社会福祉士国家試験の「福祉行財政と福祉計画」全7問の解答解説を行い、**少ない知識で効率的に乗り切る「粘り腰」を実演**します！

■　問題42

地方公共団体に関する次の記述のうち、正しいものを1つ選びなさい。
1　特別区を設置できるのは、都に限定されている。
2　都道府県が処理する社会福祉に関する事務は、機関委任事務である。
3　中核市の指定要件として、人口数は50万以上と定められている。
4　広域連合は、介護保険事業に関する事務を処理できないとされている。
5　政令指定都市は、婦人相談所を設置することができる。

<解答解説>難易度★★　消去法で取りたいが、迷う可能性も（1～3択）
1　×△（消し）：特別区を設置できるのは、「都に限定」ではなく「2012年から道府県でも可能」。
2　×（即切り）：機関委任事務は廃止され、自治事務と法定受託事務に変更となった。
3　×（即切り）：「50万人以上」は政令市。中核市は「20万人以上」。
4　×△（消し）：広域連合は、介護保険事務に関する事務を「処理できる」。
5　○△（好印象）：政令指定都市は、婦人相談所を設置可。**政令市の権限は都道府県と同等以上。→正解**

■　問題43

次の社会福祉施設等の費用のうち、法律上、国が4分の3を負担することになっているものとして、正しいものを1つ選びなさい。
1　救護施設の入所措置に要する費用
2　養護老人ホーム入所措置に要する費用
3　婦人相談所の行う一時保護に要する費用
4　母子生活支援施設の母子保護の実施に要する費用
5　児童養護施設の入所措置に要する費用

<解答解説>難易度★★★★　無理（婦人と母子は似た空気＝正解は1つなので両方消し、で2～4択）
1　△（全く分からない）：救護施設の入所措置に要する費用は、国が4分の3を負担。**→正解**
2　×△（消し）：養護老人ホーム入所措置費用は、国の負担が廃止。措置から契約だし、消しっぽい。
3　△（全く分からない）：国2分の1、都道府県・市2分の1。
4　△（全く分からない）：国と地方公共団体が2分の1ずつ負担。
5　△（全く分からない）：国が2分の1、都道府県・指定都市・児童相談所措置市が2分の1を負担。

■　問題44

「平成31年版地方財政白書」（総務省）における民生費に関する次の記述のうち、正しいものを1つ選びなさい。
1　地方公共団体の目的別歳出純計決算額のうち、民生費は教育費に次いで多い。
2　都道府県の目的別歳出では、生活保護費の割合が最も高い。
3　都道府県の性質別歳出では、扶助費の割合が最も高い。
4　市町村の目的別歳出では、児童福祉費の割合が最も高い。
5　市町村の性質別歳出では、人件費の割合が最も高い。

<解答解説>難易度★　秒殺（1択）※0点＝足切り不合格の防止に、絶っっ対に落とせない問題!!!
1　×（即切り）：地公体全体では、1位民生費（福祉）、2位教育費（**県立高校は高いと覚えよう!**）。
2　×（即切り）：生活保護は、大半が市町村負担なのが特徴。
3　×（即切り）：都道府県の民生費は市町村の約1/3の7兆で、教育費（人件費）が1位なのが特徴。
4　◎（絶対採用）：**児童福祉費の割合が最も高い（21兆中、8兆）のは有名！　→　正解**
5　×（即切り）：市町村は民生費、都道府県は教育費が1位。（広島**市民**球場の奥田**民生**と覚えよう!）

■　問題45

次の計画のうち、定めたとき、又は変更したときに内閣総理大臣に提出しなければならないものを1つ選びなさい。
1　都道府県介護保険事業支援計画
2　都道府県における子どもの貧困対策についての計画
3　都道府県障害福祉計画
4　都道府県老人福祉計画
5　都道府県子ども・子育て支援事業支援計画

<解答解説>難易度★★★　子ども関係は厚労省（保育）と文科省（幼稚園）の顔を立て内閣府、で2択
1　×（即切り）: 正しくは厚生労働大臣。
2　○△（好印象）: 正しくは「遅滞なく、これを公表しなければならない」。5と迷う。。。
3　×（即切り）: 正しくは厚生労働大臣。
4　×（即切り）: 正しくは厚生労働大臣。
5　○△（好印象）: **事業支援計画の方がより堅苦しそう=総理大臣、で二択を当てたい！→正解**

■　問題 46

次の各計画の策定を規定している法律に、計画の実施について評価を行うと明記されているものを1つ選びなさい。
1　市町村自殺対策計画
2　市町村介護保険事業計画
3　市町村障害者計画
4　市町村子ども・子育て支援事業計画
5　市町村老人福祉計画

<解答解説>難易度★★★★　無理（自殺対策に計画は微妙、老人福祉計画も消せても、3〜5択）
1　×△（消し）: 明記なし。
2　△（全く分からない）: **→正解**
3　△（全く分からない）: 明記なし。
4　△（全く分からない）:「達成状況の点検及び評価」は、「法律」ではなく「基本指針」に明記。
5　×△（消し）: 明記なし。

■　問題 47

福祉計画に関して、1990 年（平成2年）の福祉関係八法改正より以前の記述として、正しいものを1つ選びなさい。
1「エンゼルプラン」が策定された。
2　障害福祉計画が障害者自立支援法に規定された。
3　社会福祉施設緊急整備5か年計画が策定された。
4「新ゴールドプラン」
5　地域福祉計画が社会福祉法に規定された。

<解答解説>難易度★「5か年計画」という響きの古さを空気で感じ、できる限り取りたい（1択）
1　×（即切り）:「エンゼルプラン」の策定は、1994 年（平成6年）。
2　×△（消し）: 障害福祉計画が障害者自立支援法に規定されたのは、2005 年（平成 17 年）。
3　○△（好印象）: 社会福祉施設緊急整備**5か年計画の策定は、1971 年（昭和 46 年）。→正解**
4　×△（消し）:「新ゴールドプラン」の策定は、1994 年（平成6年）。
5　×△（消し）: 地域福祉計画が社会福祉法に規定されたのは、2000 年（平成 12 年）。

■　問題 48

第7期介護保険事業計画（2018 年度（平成 30 年度）開始）に関する次の記述のうち、正しいものを1つ選びなさい。
1　地域包括支援センターが、創設されることになった。
2　市町村が実施主体となる地域支援事業が開始された。
3　介護保険事業計画が、初めて地域包括ケア計画と位置づけられた。
4「基本指針」において、医療法に規定される医療計画との整合性を確保することの重要性が明記された。
5　第7期の第一号被保険者の保険料が全市町村で引き上げられた。

<解答解説>難易度★★　医療計画が6年になったのは有名。できれば取りたい（1〜2択）
1　×（即切り）: 地域包括支援センターが創設されることになったのは、2005 年（平成 17 年）。
2　×（即切り）: 市町村が実施主体となる地域支援事業が開始されたのは、2005 年（平成 17 年）。
3　△（全く分からない）: 正しくは「第7期」ではなく「第6期」。
4　○△（好印象）（選択）:「基本指針」において医療計画と整合性を確保の重要性が明記。**→正解**
5　×△（消し）: 保険料は、「全市町村」ではなく、「全体の 78%」が引き上げられている。

■　以上を踏まえた正答数および得点率の期待値計算

・この科目**苦手な方**: 2勝+2択×2問+3択+4択+5択=正答数 3.48 問、得点率 49.8%
・この科目**得意な方**: 4勝+2択×2問+3択　　　　　=正答数 5.33 問、得点率 76.2%

選択問題ですので、このように**「相対的にこっちかな」で考えることが重要**です！また、「必ず〜」「全○○」等の**強い選択肢は、高確率で誤り**です。例外はあるものですからね。

【就活コラム　essence 7】面接（2）GD（グルディス）

年齢・性別・学歴・肌の色・出身地・育った家庭環境・所得水準。もし**友人や結婚相手を探すのでしたら、「一緒にいて何となく安心」**と思えるこれらの**要素が近い方が失敗確率は低く**抑えられると考えられます。様々なタイプの人々が集っているように見えるカフェもぼんやり観察していると、単に**グループ単位で多様性があるだけで、会話しているグループ内は、実は似たタイプ**同士で会話しているに過ぎないことに気付きます。しかし、気の合う友達とばかり遊んでいると安心感はありますが、更なる成長や洞察力を鈍らせ、結果として、**色々なタイプが集まる就活時やビジネスの場で苦戦**することとなります。

就活で実施されることのある**GD**（グループディスカッション、通称グルディス）**は、**このような**「異文化」コミュニケーション能力**を試すことを目的とします。

GDは基本的に、以下の流れとなります。①企業よりテーマや時間が告げられる、②自己紹介、③役割分担（司会、書記、タイムキーパー、発表者）、④方向性の確認、⑤意見交換（場合によってはパート分けをして各自調べ、報告）、⑥意見調整及び資料作成、⑥発表。

司会役や発表者役が目に見えるアピールができるため有利に思えますが、それは学園祭の劇で「主役をやりたい！」、吹奏楽部で「指揮者をやりたい！」に似た状況です。うまく回す能力が備わっていればアピールになりますが、大抵の場合、**自己顕示欲が露骨に出てしまい、空回り**することが多々見受けられます。**どの役回りでもアピール可能**なので、**役回りでモメた場合は引いた方がスマートな印象になって有利**とさえ、本書では考えます。

山に例えれば、就活生は標高3,776mで日本一目立つ**「富士山」的存在を目指しがち**です。確かに標高3,193mの北岳は日本2位なのに、平日に至っては登山者数人のみの模様。でも**日本一登山者が多いのは標高599mの「高尾山」です。親近感も立派な人気の要因**なのです！

■　GDでのセオリー

GDで**重要な上位3点は「周りが見えているか」「ルールを守っているか」「論理性」**です。まず「周りが見えているか」は、仲間の話を踏まえているか、仲間の表情を読み取って発言しているか等です。反論する場合も「確かに仰るとおり○○という点では良いと思います。」と、**素晴らしい点を何とか見つけて肯定**する、自分の意見を出せなくても**各人の意見を整理**する、**発言が少ないメンバーに意見と振る**等が効果的です。次に「ルールを守っているか」は、企業が設定した**ルールから脱線しそうな際の軌道修正**に加え、暗黙ルールも含みます。例えば、**一人で長時間「演説」**状態、一度決まった**方向性をちゃぶ台返し**する等は最悪です。最後に「論理性」は、議論の流れに沿い演繹的に導いているか、話に客観的な根拠があるか等です。論理性の発揮には、**「常識」**が必要となり、それには**時事ニュース**が効果的です。

大事だとよく言われている「積極性」「発想力」は、それほど重要ではないと解します。積極性は単に「**無謀**」、発想力は単に「**組織の規律を乱す変人**」に映る危険性すらあります。

第8章　経済政策
（Economic policy）

―あの日見た政策の有用性を僕達はまだ知らない―

経済学者は「Cool head but warm heart」を持たなければならない。

アルフレッド・マーシャル　1885年のケンブリッジ大学での演説の一節

第8章　経済政策　要約

・財政政策：ニューディール政策等の公共工事！
・金融政策：ゼロ金利政策やBIS規制等の銀行関係！
・規制政策：TPPや最低賃金等の規制の緩和や強化！

冷静な頭脳と温かい心。近代経済学の祖と呼ばれ、ケインズの師でもあるアルフレッド・マーシャル氏は、43歳でケンブリッジ大学の経済学教授に就任する際、**経済学者に必須の要素はこの両面であると**演説しました。前章で触れた「福祉」は、人間として大切な感情や博愛精神は豊かなので「温かい心」はあるといえますが、それを金科玉条に無制限に予算を使ってしまうと財政が破綻し、人々の生活は逆に苦しくなってしまうため「冷静な頭脳」が欠けているといえます。一方、人々の所得格差の広がりを無視し、合計としてのGDPのみを増加させる目標を掲げることは、一国全体の繁栄を考える政策立案者としては「冷静な頭脳」を有しているといえる一方、人々の暮らしに目を向けていないため「温かい心」が欠落しているといえます。**冷酷無比な資本主義と、お花畑理論の社会主義。それは二律背反する概念ではなく、資本主義がもたらす自由と成長性、社会主義がもたらす愛と人間性、その両立を実現させるためのツールが「経済学」であり、政府が行う「経済政策」**なのです。

現在、SDGs（Sustainable Development Goals:持続可能な開発目標）という指標が話題になっています。日本でもジャニーズ事務所・AKBグループ・吉本興業等の有名タレントとコラボして積極的にPRしており、政府の力の入れ具合が分かりますね。SDGsとは、2015年9月の国連サミットで採択されたもので、国連加盟193か国が2016年から2030年の15年間で達成するために掲げられた目標です。特徴的なのは、**貧困、教育、健康、ジェンダー等の広範囲にわたること、そして何より「数字で見える化」している**ことです。例えば貧困についての目標は、「1日1.25ドル未満で生活する人々」と定義する極度の貧困を、2030年までにあらゆる場所で終わらせる。各国定義の貧困状態を、年齢・性別に関わらず2030年までに半減させる。単に「貧困撲滅！嫌儲!Occupy Wall Street!」とデモをする行為は、閉ざされた人間関係の中での単なる自己満足になる危険性があります。掛け声だけでなく実効性を持たせるには、**貧困を「定義」し、現状を「把握」し、目指すべき「目標」を定め、客観的に数値化可能な「統計データ」で検証する、という「冷静な頭脳」**が重要なのです。

■　財政政策：ニューディール政策等の公共工事！

経済政策には、主に財政政策、金融政策および規制政策の3種類に大別されます。この中で最も分かりやすいのが、財政政策です。本書でも何度か触れた、世界恐慌対策としてダム等の公共事業をして克服したアメリカの**「ニューディール政策」が有名**ですね。財政政策は、大企業等を支援すると、その**効果が低所得者層に波及するとされる「トリクルダウン理論」**により、不況対策として大企業や富裕層の支援は好まれ、実施されがちです。金持ち優遇の印象は否めませんので、全体を成長させた税収増で、低所得者対策も同時に行うべきです。

■ 金融政策：ゼロ金利政策やBIS規制等の銀行関係！

実際にお金を使う**財政政策に比べ、金融政策は分かりにくい**側面があり、一般的に短時間で理解することは困難です。ここでは簡単に、代表的な3つの金融政策を紹介します。

まず「**金利政策**」です。人々は銀行でお金の貸し借りをしますが、その銀行は中央銀行であるBOJ（Bank Of Japan:日本銀行）とお金の貸し借りをします。このBOJが銀行につける金利のことを「基準割引率および**基準貸付利率（過去の「公定歩合」）**」といいます。

利率を下げれば、街中の銀行、そして人々がお金を借りやすくなります。現在の日本では「ゼロ金利政策」なので、利息なしでお金を借りられるなら借金してでも消費しようとか、パン焼き機をローンで買ってパン屋さん始めようとか思えますよね？**低金利で経済活動を活性化させると「経済成長」**になります。なお、**経済成長は「インフレーション（インフレ）」**を伴います。インフレとは、物価が高くなる、逆にいえばお金の価値が低下することです。第3章の図のように、日本の大卒初任給は1965年2万円、1995年16万円ですから、30年で物価上昇8倍（お金の価値8分の1）のインフレです。**逆に物価が下がることを「デフレーション（デフレ）」といい、経済停滞を伴うデフレ対策にも金利政策が使われます。**

次に「**BIS規制**」です。これはスイスにあるバーゼル銀行監督委員会が公表する金融機関の健全性に関する指標のことで、現在は2017年に合意された「バーゼルⅢ」という枠組みです。お金を貸す銀行自体にもある程度お金を蓄えておかないと破綻しそうですよね？ゆえに、**「自己資本比率」を一定以上にしましょう、という国際的なルール**を決めたのです。

最後に、「**公開市場操作**」です。買いオペ・売りオペと言ったりするのですが、**JGB**（Japanese Government Bond:日本国債）、つまり国の借金の量をコントロールする政策です。お金って、「日本銀行券」って言われますよね？つまり、**日本銀行BOJが輪転機を回しまくれば、お金をバンバン刷れる**訳です。そのお金でJGBを買えば、国は無限に借金できるのです。これを実行しているのが、BOJの黒田総裁にちなみ「黒田バズーカ」とも呼ばれる**QQE**（Quantitative and Qualitative Monetary Easing:量的質的緩和政策）です。この状況でも「円」の価値が暴落せず**dominant currency（安定的な主要通貨）の地位を得ている**背景は何でしょうか。主には、①日本は借金も多いが対外純資産（≒貸しているお金）も多い、②借金は日本国内で消化（日本人の銀行預金を原資にJGBを買っている）、③消費税率が国際的に低く増税による財政再建の余地がある（欧州の消費税は20%代半ば）、の3点が指摘されます。

その他、為替政策や、株価対策もありますが、紙幅の都合で泣く泣く割愛いたします。。。

■ 規制政策：TPPや最低賃金等の規制の緩和や強化！

最後に「**規制政策**」は、あまりにも幅が広いので、ここでは2つだけ紹介します。**TPP**（Trans-Pacific Partnership Agreement、環太平洋パートナーシップ協定）は関税を低くして貿易活性化を狙う政策、**最低賃金**は上昇させ底上げをしようという政策です。但し日本の農業保護や人を雇うお店側の**コスト増の観点からは良い政策とはいえず、経済学者内でも賛否両論であり、結局は既得権益層のロビー活動と政治決断の要素**が強くなります。

第8章　経済政策　問題演習

経済政策には判断力が必要！ですので、公務員試験の**判断推理**の問題を見てみましょう。

<2019年度　国税専門官試験　教養試験（判断推理）No.13>

ある会社では、新入社員が先輩社員に悩みを相談しやすいように、新入社員1人と先輩社員1人のペアに限り、お昼の時間に会議室を利用できることとしている。ある週の月曜日から金曜日までの5日間に、Ａ～Ｆの6人が会議室を利用した。次のことが分かっているとき、確実にいえるのはどれか。

ただし、お昼の時間に会議室を利用できるのは1日に1組のペアのみであり、Ａ～Ｆの6人は、お昼の時間以外に会議室を利用することはなかったものとする。

○　ＡとＤは先輩社員である。
○　Ａは火曜日に会議室を利用しなかった。
○　ＢとＦは月曜日、Ｃは金曜日に会議室を利用した。
○　2日連続で会議室が使われない日があった。

1　Ａが木曜日に会議室を利用したならば、ＡはＥとペアだった。
2　ＢとＣは新入社員である。
3　Ｄは火曜日に会議室を利用した。
4　Ｅが木曜日に会議室を利用したならば、ＣはＤとペアだった。
5　Ｆが先輩社員であるならば、Ａは金曜日に会議室を利用した。

■　解答・解説

判断推理の**セオリーは、とりあえず「当てはめ」**です！問題文を読み、状況を整理。次に、選択肢をよく読みます。「確実にいえるものはどれか」の問題は、**長めの選択肢（条件が厳しいもの）が正解の可能性が高い傾向**があります。そのうえで、条件のゆるい短めの選択肢が**当てはまらないパターンを考え、選択肢を消し**てゆきます。具体的には、以下のとおり。

① 月～金の5日間を列に書く
② Ａ～Ｆの6人が新入社員・先輩のペアになるので、「先輩」「後輩」行を書く
③ ＡとＤは先輩確定なので、先輩の行の左側に書く
④ 火曜日の列の上の方に「Ａ×」と書く
⑤ ＢとＦを月曜日の行に書く（先輩後輩は不明のため適当に入れ、暫定という意図を込め、○で囲んでおく）
⑥ 上記⑤の時点で、先輩はＡとＤとＢ or Ｆで確定、よってＣとは後輩確定　→　Ｃを金曜の後輩欄に記入（確定）
⑦ 月・金は誰かが必ず使用=2日連続は「火・水」か「水・木」のどちらか。下の方に×をつけておく。
⑧ 問題文を整理終了。選択肢を見る。1・4・5が長い=正解の可能性が高い。まず2と3を消去する方向。
⑨「2」は3」は、とりあえずＤを水曜日に入れておくことで消去
⑪「1」は、Ａを木曜の先輩に入れた場合、後輩3人のうちＣは金曜確定、Ｂ or Ｆは月曜確定なので、Ｅは木曜で確定っぽい。つまり正解っぽい。とりあえず○△（好印象）と記して、他の選択肢確認。
⑫「4」は、木曜がＤ・Ｅペア、金曜がＡ・Ｃペアもあり得るので、消去
⑬「5」は、月曜でＦ先輩・Ｂ後輩のうえで、木曜Ａ・Ｅペア、金曜Ｃ・Ｄペアもあり得るので消去
⑭ 以上から、100％の自信を持って「1」が正解。

以上の思考回路を1分程度で行います。慣れれば、30秒で「⑫」に気付いて次に！

＜2019 年度　国税専門官試験　教養試験（判断推理）No.14＞

A ～ E の5人が、P 国から同時に出発し、Q 国、R 国、S 国の順に周遊した。各国間の移動手段は、飛行機、高速鉄道、鉄道、自動車、船のいずれかであり、その所要時間は表のとおりであった。次のことが分かっているとき、最初に P 国に帰ってきたのは誰か。

ただし、A ～ E が各国に滞在した時間はいずれも 24 時間であったものとする。

○　各国間の移動において、A ～ E は互いに異なる一つの移動手段を利用した。例えば、Q 国への移動時に飛行機を利用したのは1人のみであり、他の移動手段についても同様であった。

○　A は、Q 国への移動時に自動車を、P 国への移動時に高速鉄道を利用したほか、鉄道を1回、自動車を1回利用した。

○　B は、Q 国への移動時と P 国への移動時に飛行機を利用したほか、船を2回利用した。

○　C は、P 国への移動時に鉄道を利用したほか、高速鉄道を1回、鉄道を1回、自動車を1回利用した。

○　D は、Q 国への移動時に船を、S 国への移動時に飛行機を利用したほか、鉄道を1回、自動車を1回利用した。

	Q国への移動	R国への移動	S国への移動	P国への移動
飛行機	3 時間	2 時間	5 時間	4 時間
高速鉄道	5 時間	3 時間	10時間	6 時間
鉄道	8 時間	6 時間	18時間	9 時間
自動車	12時間	8 時間	20時間	14時間
船	16時間	3 時間	25時間	17時間

選択肢　　1　A　　2　B　　3　C　　4　D　　5　E

■　解答・解説

前ページ同様、思考回路を示し解きます。B が 35 時間確定と早期に気付くのがポイント！

① Q 自動車（12 時間）、P 高速鉄道（6時間）に「A」と記載。R と S の鉄道・自動車欄にも「A ?」と記載。
② Q 飛行機（3時間）、P 飛行機（4時間）、R 船（3時間）、S 船（25 時間）に「B」と書く。B は 35 時間で確定！
※早々に決まった B は、直感的には、正解の可能性はほぼゼロ
③ P 鉄道（9時間）に「C」と記載。Q と R と S の高速鉄道・鉄道・自動車に「C ?」と記載。
④ 但し、既に「A」が書いてある Q 自動車（12 時間）の「C ?」は、削除する！
⑤ Q 船（16 時間）、S 飛行機（5時間）に「D」と記載。R と P の鉄道・自動車に「D ?」と記載。
⑥ 但し、既に「C」が書いてある P 鉄道（9時間）の「D ?」は、削除する！
⑦ 上記⑥より、D は P 国では P 自動車（14 時間）で確定。付随して R 国では R 鉄道（6時間）も確定。
⑧ 上記⑦で D の全行程が確定。Q 船（16 時間）+ R 鉄道（6時間）+ S 飛行機（5時間）+ P 自動車（14 時間）＝D は 41 時間、よって B の 35 時間より遅いので除外。
⑨ 上記⑦より、A は R 国では R 自動車（8時間）が確定。付随して S 国では S 鉄道（18 時間）も確定。
⑩ 上記⑨で A の全行程が確定。Q 自動車（12 時間）+ R 自動車（8時間）+ S 鉄道（18 時間）+ P 高速鉄道（6時間）＝A は 44 時間、よって B の 35 時間より遅いので除外。
⑪ 上記⑨より、C は R 国では R 高速鉄道（3時間）が確定。付随して S 国では S 自動車（20 時間）も確定。
⑫ 上記⑪で C の全行程が確定。Q 鉄道（8時間）+ R 高速鉄道（3時間）+ S 自動車（20 時間）+ P 鉄道（9時間）＝C は 40 時間、よって B の 35 時間より遅いので除外。
⑬ 残った選択肢が E の行程。Q 高速鉄道（5時間）、+ R 飛行機（2時間）+ S 高速鉄道（10 時間）+ P 船（17 時間）＝E は 34 時間、よって B の 35 時間より早いので、E が正解！

但し、リスクはありますが、**各個人で理論的最速を考えると、より高速で解くことも可能**です。紙幅のため詳細は割愛しますが、A の最速は 44 時間、B の最速は 35 時間、C の最速は 35 時間、D の最速は 38 時間。よって B と C の 35 時間が同率1位ですが、**正解は1つなので、恐らく残りの E が一番早いんだろう**、という推論です。

公務員試験はスピードが要求されるので、こういう割り切りも時に重要です！

【就活コラム　essence 8】面接（3）フェルミ推定

フェルミ推定（Fermi estimate）とは、実際に調査することが難しいような捉えどころのない量を、いくつかの手掛りを元に論理的に推論し、短時間で概算することです。有名な例は「日本にある電柱の数は？」「今現在、世界で寝ている人の数は？」等です。就活で出題されることは少ないもののコ**ンサルティング業界ではほぼ必ず出題**され、対策が必要です。

■　習うより慣れよ！　具体例：「美容師の数は何人？」

このお題が出た際、まず最初に行うべきは「**エリアの限定**」でしょう。代官山やパリだと多くの美容師さんがいそうですよね。本書では最も推計しやすい「日本全国」に限定します。次に「**美容師」の定義**です。日本の文化に精通していない留学生は、この点を特に注意してください。仮に髪を切る職業と解釈して理容師を含めたり、美容を追い求めるエステシャンを含めてしまっては、Over Estimate になってしまいます。本書では「美容師の国家資格に合格し、かつ、実際にヘアサロンで働いている者」とします。

さて、ここからが実際の推計です。**まずは需要面、特に人口**に注目するのがセオリーです。日本の人口は、計算しやすいよう、ざっくり1億2,000万人とします。この中で、子どもは家で親が切ってくれたり、男性は理容室に行く人も多いですよね。一方、女性の中には毎日美容院に行く銀座ママや芸能人もいますし、デートの多いクリスマスや成人式・卒業式等のイベントシーズンでは回数も増えそうです。以上のように年齢・性別・職業等の属性を詳細に分類して分析する方法もありますが、本書ではざっくり、「平均2か月に1回」と仮定。年間で7億2,000万回。月間6,000万回。1日200万回。暗算で行けますね。

1日200万回の**需要を満たすには、何人の美容師さんを供給すれば均衡**するでしょうか？**回数が決まったら、次は単価**です。1,000円カットの一方、成城のEQ by Holistic Haircut のカット料金は、**にゃんと70,000円＋税**。同じサロンでも、カリスマ店長とペーペーではかなり異なるでしょう。このように**様々な論点があることを認識できる視野をアピール**しつつ、推計上は、ヤマカンで「平均6,000円」と考えます。お店の経費を差し引いた手取りは50%と仮定し3,000円。美容師さんは生活するために月25日働いて、月に30万円程度は稼ぎたいと考えれば、1日1万強が必要です。4人のお客様を相手にすれば1日12,000円の手取りですので、25日でちょうど30万円になりますね。よって、1日4人切ると仮定。

以上から、**需要側の1日200万回を供給側は1日4人で除した「50万人」**と推計します。参考までに、厚生労働省の統計「衛生行政報告例」によれば、美容師数は2018年533,814人、2015年504,698人、2010年453,371人でした。肝心な所を適当に勘で推計した割には、まずまず的中したと我ながら驚いています。しかし、**フェルミ推定で肝心なのは、**的中するという「**結果」ではありません。**課題の趣旨をどう「定義」し、どの要素に「着目」し、どのように「分解」し、それをどう「分析」し、推計のうえ「整理」し、説得的に「プレゼン」できるか、この**一連のプロセス**こそが評価対象なのです。**社会に出たら必須スキル**ですね。

第9章　政治経済学（Political economics）

―近くて遠い「ポリエコ」と「マル経」の相違とは―

Nothing can have value without being an object of **utility.**
（それが誰の役にも立たない物なら、それは商品とはいえない）

カール・マルクス（1867）『資本論』第1巻第1章の一節

第9章　政治経済学　要約

・政治経済学は「ポリエコ」と「マル経」に大別！
・菅義偉総理誕生の裏に「バンドワゴン効果」！
・日本でも大流行していたマルクス経済学とは？

マルクス主義。マルクス氏の経済学理念を反映したこの**政治思想の良し悪しに関しては、本書では議論しません**。日本には「社会に出たら、**政治と宗教と野球の話はタブー！**」という鉄則があります。本書でもこの見解に強く同意します。何故なら、政治的イデオロギー、宗教的対立、プロ野球等のスポーツで何を応援するかの3点は、**強烈に信奉しがち**なので、思想の自由、信仰の自由、余暇行動の自由があっても、**ケンカの原因**になりがちだからです。同じ政治思想、宗教観、好みの球団を持つ者が集い盛り上がる自由はありますが、様々な人々が共同で暮らす学校や**ビジネス等の公共の場に持ち込むことには、リスク**があります。

仮にアメリカであれば、支持政党やLGBTQ問題等も真剣に議論を交わすことが求められ、意見を表明しない者は「意見を持たない思慮の浅い人間」と軽蔑されてしまうことでしょう。日本の諺でいう「**郷に入っては郷に従え**」、その場のルールや雰囲気の枠内で、いかに自己表現をするかが重要と解されます。故に、**本書では純粋な経済学的視点で説明**いたします。

■　政治経済学は「ポリエコ」と「マル経」に大別！

そのうえでの「政治経済学」。社会に出ると、学者の机上の空論だけでは通用しないことも多く存在します。そういった、**理論を超越し、自分と相手の立場（パワーバランス）をうまく利用して巧みに物事を進める能力である「政治力」**に関しても、ミクロ経済学のような近代経済学（近経）的手法で分析する学問分野があります。それをPolitical Economics、**略して「ポリエコ」**と呼びます。ポリエコは、日本語に訳すと「政治経済学」となるため、大学でこの科目名があれば、ポリエコの可能性が70%と推察されます。

残り30%? それは**マルクス経済学（マル経）**です。カール・マルクス氏を始祖とするこの学問分野は、第1章で述べたとおりアダム=スミス氏の流れを汲んではいます。事実、冒頭で紹介した「それが誰の役にも立たない物なら、それは商品とはいえない」は、需要と供給を意味する言葉ですね。ただ、その**需給を「消費者」と「生産者」の二分論で分析したのが資本主義に親和性のある近経**、その**需給を「資本家」と「労働者」の二分論で分析したのが社会主義に親和性のあるマル経**、となります。

「ポリエコ」と「マル経」は、**同じ名前を冠する講義ですがアプローチは全く異なる**ため、履修時は特に留意が必要です。例えば、サバンナでシマウマが「自分達は草だけ食べこんな大きな身体になれたよ。**ライオン、君達も私たちを食べるのではなく、草を食べようよ！**」と説得を試みたら、どうなるでしょうか？ **100%、ライオンはシマウマを捕食**するでしょう。**草食動物と肉食動物、根本が異なるので「話は通じない」**のです。同じ「政治経済学」でも、両者はそれほど異なるのです（**どちらが優れているという話ではありません、念のため！**）。

■ 菅義偉総理誕生の裏に「バンドワゴン効果」！

まず「ポリエコ」から解説しましょう。**ポリエコは、近代経済学のうち「公共経済学」の一分野**とされることが一般的です。方程式を駆使した理論分析、データを用いた実証分析等の数学的手法が用いられます。本書では、**選挙時の報道が結果に与える影響**を紹介します。

2020年9月、憲政史上最長の安倍晋三政権が終わりを迎え、実質的に新しい総理大臣を選ぶ「自民党総裁選挙」が実施されました。安倍総理が辞意表明した当初は、総理を長きに支えた菅官房長官、実直な岸田政調会長、マスコミ人気の高い石破元大臣の**三つ巴の大混戦**でした。安倍総理は当初、岸田政調会長を後継に考えていたようですが、党の中枢であり、大派閥の長でもある**二階幹事長が早々に菅官房長官の支持を表明すると、まるでオセロのようにパタパタっとほぼ全派閥が菅官房長官支持となり、大勢決**しました。

何故このようなことが起こるのでしょう？それは「勝ち馬に乗る」ためです。より具体的には、支持の見返りに自分の派閥に大臣・副大臣・政務官等のポストを、少しでも多く獲得したいという一心といえましょう。このように、**ある選択肢を多数が選択している事実が、その選択肢を選ぶ者を更に増大させる効果を「バンドワゴン効果」**と呼びます。菅義偉総理誕生の裏には、この効果があったと考えられます。

他者の行動が影響を与える話では、Hallsworth et al. (2017) も大変興味深いです。税金の督促状送付時に「イギリスにおいて10人に9人は税金を期限内に支払っています。故にあなたは**今のところまだ納税していないという非常に少数派の人**になります。」という文言を加えただけで、**納税率が5.1%上昇（通常の督促状は1.3%上昇）**という報告もあります。

選挙に話を戻すと、「○○候補は苦戦か」という見出しを見たことはありませんか？実はこの「バンドワゴン効果」と真逆に、**選挙の勝敗予測で劣勢にあると報じられた候補者には、同情から多くの票が集まり、逆転勝利へとつながる現象**もしばしば観察されます。これを「アンダードッグ効果」と呼びます。自分が応援する候補が余裕そうなので寝ながらスマホしていたら、実は危ないかもと分かると、助けてあげたくなり雨でも投票所に行く、なんてことがよくあるようですね。前述の総裁選でも、岸田政調会長が下馬評を覆し2位になれたのは、今回勝てなくとも将来への期待を込めた同情票が集まった、という見解があります。

バンドワゴン効果とアンダードック効果のどちらが強く出るかは、状況と報道次第です。

■ 日本でも大流行していたマルクス経済学とは？

「マル経」についても簡単に解説します。**労働者が賃金以上に生み出した価値は資本家に搾取されるという「剰余価値説」**の観点で資本主義は遠からず崩壊し、それを超越するのは、**財貨・サービスの価値はそれに投入された労働量で決まるとする「労働価値説」**であると説きました。この考え方は「人間は平等」という観点から好まれ、福祉国家、社会主義、共産主義等と親和性があります。ソ連の崩壊をみると、**投入した労働量に関わらず、その財貨・サービスが魅力的なら売れるとする資本主義の方が、歴史的には生き残っている**ようです。

第9章　政治経済学　問題演習

まず、ポリエコの「投票の逆理（Condorcet paradox）」と呼ばれる問題を見てみましょう。

<著者作成>

小学生の学力向上を目的として、各小学校の裁量で自由に使用できる1億円の特別予算がつきました。ある小学校では3名の有力教員が「ボールを導入しチームワークを醸成する」「朝食を無料で提供し頑張る活力を生み出す」「本を充実させ知力向上を目指す」の3案で譲らず、議論が膠着しています。3名の教員の選好順が以下と分かっている場合、どの順番で決選投票すれば、「朝食」の案に決めることが可能でしょうか？

	第一希望	第二希望	第三希望
スポコン教員	ボール	朝食	本
ハラペコ教員	朝食	本	ボール
ガリベン教員	本	ボール	朝食

■　解答・解説

投票の逆理とは、投票において投票者一人一人の選好順序は推移的なのに、集団としての選好順序に循環が現れる状態があることを表す命題のことをさします。

上記の例では、ボール・朝食・本の3つとも完全に同率な感じです。本来は科学的な手法、つまり第4章で扱った計量経済学の回帰分析で最も効果が高い施策を選ぶことがEBPMです。2009年に文部科学省が公表した「平成19･20年度全国学力･学習状況調査追加分析報告書」に掲載されている回帰分析結果よると、どの教科でも「朝食」が有意に大きな効果となっており、実際、大学や企業でも無料朝食を実施しているところもあるので、何としてでも朝食に決めたいところです。しかし実際は、その小学校で実権を握る少数の「声の大きい」教員の意向で決まることがままありますね。地方自治の負の側面です。幸い今回は3すくみ状態なので、**投票の逆理を利用して、作為的に「朝食」を勝たせる**こととしましょう。

まず、「ボール」と「本」で決選投票します。スポコン教員が「ボール」、ガリベン教員が「本」は確実ですが、ハラペコ教員は、第二希望である「本」に投票するので、2:1で「本」が勝者となります。そのうえで、「本」と「朝食」で決選投票をすれば、ガリベン教員が「本」、ハラペコ教員が「朝食」は確実として、残るスポコン教員は、仕方なく第二希望の「朝食」に投票するため、2：1で「朝食」に最終決定となります！つまり、**上記の3すくみの場合、勝たせたい内容を最終決戦投票に回せば、結果を操作することが可能**なのです！仮に最初に「ボール」v.s.「朝食」なら「ボール」が勝利、決戦の「ボール」v.s.「本」は、「本」が勝利することが分かります。

類似には**「オストロゴルスキーの逆説（Ostrogorski paradox）」**というものもあります。**一見フェアに見えて実は作為的、凄く「政治」っぽいですね。。。**倫理観が求められます。

倫理観つながりで、続いては、有名な「トロッコ問題」を見てみましょう。

< Foot（1967）“The problem of abortion and the doctrine of double effect”及び Thomson（1985）“The Trolley Problem” より抜粋>

トロッコが猛スピードで走っており、このままでは線路上の5人が轢かれて死亡します。レバーを引いてポイントを切り替えれば側線に引き込むことができ、あなただけそれに気づきましたが、その場合側線にいる1人がトロッコに轢かれて死亡します。大声でこの6人に知らせる等の他の選択肢はない時、あなたならレバーを引きますか？何もしませんか？

■ 解答・解説

トロッコ問題と経済学。**一見何の関係も無さそうですが、実は密接に関連**します。分かりやすいところでいえば「**車の自動運転**」。メルセデス・ベンツ社の安全技術担当者が、過去「搭乗者の救命を優先するようにAIをプログラムする」という趣旨の発言をし物議を醸しました。例えば「ブレーキが壊れました。直進すると崖から落ちて搭乗者が死にます。左にハンドルを切れば子ども1人を轢きます。右にハンドルを切れば老人5人を轢きます。」という局面だった場合、どうするべきでしょうか？答えはありませんが、**搭乗者が死ぬ車が、果たして売れるでしょうか？**人はみな、自分がカワイイですよね。

トロッコ問題は「義務論と功利主義の葛藤」といわれます。**義務論では、たとえ5人の命を救うためでも、「人間を他の目的のための手段として利用することは断じてあり得ない」**とする立場です。一方の**功利主義とは「最大多数の最大幸福」、つまり1人を犠牲にしても一人一人の権利が平等なら5人も助かる方が社会全体にとって有益であるとする考え**です。

例えば中世の生贄、新秘孔の人体実験、有益な情報を得るための拷問等は、現代では禁忌されています。クジで選ばれた1人の臓器を何人もの人に移植や輸血すれば1人の不幸で何人も幸せになるという「**臓器くじ**」という思考実験では、義務論が圧倒的に選ばれる傾向があります。一方、日本の**刑法37条には「カルネアデスの板」的な緊急避難**の条項があり、「生命の危難を避けるためやむを得ずにした行為は、これによって生じた害が避けようとした害の程度を超えなかった場合に限り、罰しない。」と規定され、功利主義的ですね。

以上を踏まえ、Wikipediaに掲載されている研究をみると「**90% of respondents have chosen to kill the one and save the five**」とあり、世界基準では**功利主義の圧勝**です。哲学の専門家に質問しても、69.9%がレバーを引き、8%がそのまま（残りは別の選択肢or回答拒否）で、69.9%：8%≒89.7%：10.3%のため、一般人とほぼ同様となります。但し、マサチューセッツ工科大学（MIT）ラボがトロッコ問題を応用した自動運転に関する大規模アンケートを実施し、233の国・地域に住む約4,000万人近くが回答した結果の分析では、**地域や文化により回答に差**が出ています。**日本は比較的、義務論が強い国**となっています。

最終的には、「進撃の巨人」**リヴァイ兵長**の言葉「まぁせいぜい…、悔いが残らない方を自分で選べ」のとおりかもしれません。**コロナ禍でも、悔いなき選択を！**

【就活コラム　essence 9】面接（4）オンライン動画面接

本書を手に取ってくださった諸兄姉の中は、本書サブタイトルにもある「**オンライン面接**」や「**動画面接**」が不安になってお求め頂いた方もいらっしゃるかもしれません。前例が無く、就活生側はもちろん、採用側も混乱や試行錯誤の中で実施している状況ですからね。

実はこのような前例のない変革期こそ、**相手のニーズを考え、二手先を読む経済学的思考が力を発揮する時**なのです！通常の面接とは異なる点に**臨機応変に対応する機転**、所与の状況で何がベターなのか考える**判断力**等、総合的な**対応力をアピールする大チャンス**です。ビジネス上、とりわけ正社員に求められるスキルは、**イレギュラーな事柄に当意即妙に対応**できるかに尽きますからね。ですので、マニュアル的な対策は必要ありません。

とはいえ、2021年春以降の就活生は、2020年春就活生という「ファーストペンギン」の成功と失敗を踏まえた**「セカンドペンギン」という最高のポジション**に位置できるメリットがあります。先人達の成功例と失敗例、どんなトラブルがあって、どう切り抜ければ印象良かったかを知ったうえで、**安全を確信できた海にのみ追従し飛び込む**セカンドペンギンは、実はビジネスの場で**最も堅実で賢い存在**と言われます。誰しもがリーダーやイノベーターになる必要はありません。「アーリーアダプター」として**良い先例を見極め、いち早く支持する2番手**でも、十分に果実は手に入れられるのです！

■　先人達の成功例・失敗例

まずは、ぜひ今すぐ、**スマホで自分を撮影し、1分間で自己紹介**してみてください。対面では全く緊張せず会話できる方でも、カメラ相手だと目が泳いだり噛んでしまったりして、**驚くほど話せない**ことを体感できます。練習あるのみ、です。

以下に先人達の成功例・失敗例を整理しました。なお、動画を事前収録するタイプの場合、動画にテロップ挿入や、模造紙等に要点を書いてプレゼン風にするのも効果的です。

1位	**通信環境への対応力**	面接途中で**通信切れは頻発**しますい！そんな時も冷静に、電話やメール等で「報連相（報告・連絡・相談）」。**電話面接への切り替えでも慌てない！**
2位	**お互いの声の確認**	**面接側にも不安**があるため、お互いの声がクリアーに届いている旨を最初の挨拶時にすると安心感が格段に増します。**緊張してる時こそ気遣いを！**
3位	**カメラ目線**	非常に重要な点です!!画面に映っている面接官の顔を見つめると、通常、下を向いているように映ってしまいます。**必ずレンズを見てカメラ目線！**
4位	**時折、目線を外す**	ずっとレンズを見つめるままだと、面接官の表情を読めませんし、それ以上に面接官側も緊張して逆効果です。**通常面接同様、時折、目線を外すべし。**
5位	カメラの周辺や向こう側の壁のカンペ	PC・iPad・スマホ等の**カメラの脇に貼った付箋**や、デバイスの**向こう側の壁に貼った紙にESの内容や話したい要点を書けば**、対面面接以上に落ち着けます！
6位	**紙のメモとペンの準備**	グルディス等で伝える場合**敢えて紙というアナログ**が活きる場合もあります。カメラ目線にしつつ**映らない場所でメモすれば、質問に漏れなく回答**も可能。
7位	**背景や音声対策は不要**	背景に自室が映ったり雑音が入ることは、**実はそれほど問題にはなりません。**事前に状況を説明すると逆に印象アップも。**気になるなら対策もアリ、程度。**
8位	**イヤフォンの準備**	デバイスによりますが、**音割れ、ハウリング、相手の声も拾ってしまい二重に**聞こえてしまう等。**イヤフォンすれば全て解決可能**です!（最初から装着も手）
9位	**上目遣いとなる角度に**デバイスを設置する	意外な盲点ですが、**ノートPCを机に置いて撮影すると、下からの角度**となり、太目に見えたり見下し目線になりがち。**台を置き「上目遣い角度」が印象◎！**
10位	リクルートスーツの**ズボンやスカート**着用	「入室するところからお願いします」と言われるケースが実際にありました!!**操作ミスで下半身**が映ることもあり**目立たぬ所でも気を抜かない緊張感**を！

第 10 章　アジアの経済
（Asian economy）

― BRICs から 20 年後のアジアの旋風（かぜ）（Emerging Asia）―

朝焼け小焼けだ大漁だ　オオバいわしの大漁だ
浜は祭りのようだけど　**海の中では何万の　いわしの弔い**するだろう
金子みすゞ（1903-1930）二十歳時の詩「大漁」（『童話』1924 年3月号掲載）

第10章　アジアの経済　要約

・日の出の勢いのアジア経済と「人口ボーナス」！
・中国／インドはBRICsの一員！Aseanも成長著しい！
・発展途上国への技術支援は、諸刃の剣！

英雄。その身を投げ打ち世界を救う彼／彼女を、人々は尊敬の念を込め、そう呼びます。世界が不安定な時だけ、ですが。**平和が訪れると、英雄への「尊敬」の念は、「畏怖」の念、そして「恐怖」の念に変化**してしまいます。「**破壊神を、破壊した男・・・!**」。Romancing Sa・Ga 2というゲームでは、世界を救った7人の英雄達が、異次元に追放されてしまいます。「何故なんだ!」。対話のため、話次第では復讐のために執念で戻ってきて人々を苦しめる七英雄を、皇帝であるプレイヤーが打ち負かす、というストーリーです。ボスキャラである七英雄の一人・ノエルは、非常に紳士的で、プレイヤーとの争いを好まず対話を試みます。ノエルの「私の命をお望みですか？」との問いにYesを選択すると、冒頭の「ずいぶん乱暴な方ですね。では、**身にかかる火の粉は払わねばなりますまい!**」と語り戦闘開始。しかしバトル中も「そろそろやめにしませんか？」と語りかけ、それでもプレイヤーが応じないと「引く気は無いようですね。では仕方ない」と本気を出します。**View Pointで「正義」も「絶対悪」に映る真実**。人間が最も躊躇なく**残酷になれるのは「正義」を振りかざす時**です。

人間の全ての行動は、常に両面で解釈可能です。金子みすゞ氏の「大漁」という詩にあるとおり、人間側では「大漁」でも、**イワシ側では「何万もの命の弔い」**なのです。ある行為について、それが親切なのか、お節介なのか。身を引いたのか、逃げ出したのか。開放したのか、侵略したのか。**それぞれの歴史・文化・立ち位置によって解釈が異なり、それは時に決定的な分断と対立を生む**ことになります。残念なことですが、どんな英雄でも異文化の人々の意識を変え、何かを円満に統一することは困難です。**現実的に一個人ができるのは、相手の気持ちを斟酌できる洞察力と幅広いの知識**を身につけること、そして、仮に歩み寄る余地があれば対話し、**無理であれば干渉しない**ことです。第9章の例のとおり、シマウマにライオンは説得できません。シマウマが自分の**身を守るには、「対話での共生」ではなく、「棲み分ける共生」**しかないのです。**様々な歴史的背景があるアジアの経済**を考える際は、この視点が非常に重要と解されます。相手を傷つけると、その10倍、返り血を浴びます。

■　日の出の勢いのアジア経済と「人口ボーナス」！

21世紀に入り経済的に最も勢いのある地域。それは「アジア」です。何故か？端的にいえば「**人口が多いから**」です。人口が多い方が多くの商品売買等の経済が活発になりますし、確率論でいっても革新的なイノベーションが起こる確率も上昇します。特に、若い人が多い人口構成の場合、この効果は顕著と言われます。2020年現在、いわゆる「人口ピラミッド」が正三角形の形状である東南アジア諸国は、「**人口ボーナス**」といい、特に経済成長が促進される状況にあります。JAPANは、少子高齢化のため真逆に「**人口オーナス**」状態ですが。。。

■ 中国／インドはBRICsの一員！Aseanも成長著しい！

21世紀に著しい経済発展を遂げている4か国(Brazil, Russia, India, China)の総称を、その頭文字をとって**BRICs**と呼びます。このBRICsの一員である中国およびインドは、ともに10億超えの人口規模ですから、人口の重要さが改めて分かります。

中でも、**中国経済は外せません。GDPは**2010年に日本を抜き**世界第2位**に躍り出ました。日本の最高層ビルは「あべのハルカス」の300m。中国の「上海中心」は、何と倍以上632m! しかも中国全土に**300m超の高層ビルは、柳州等の地方都市も含め、113か所**もあります。Wechat payやAlipay等の**「キャッシュレス」は、高齢者も含めほぼ全員が日常的に使用**。運営するアリババ社とテンセント社は共に**株式時価総額で世界トップ10**（日本の最上位はトヨタ自動車社の43位）。世界大学ランキング2021では、**中国の精華大学がアジアで初のトップ20入り**（日本の最上位は東京大学の36位）。小職がワシントンD.C.に出張した際、日雇い労働者の方から「**你好！**」と声をかけられた位、もはや**アジア＝中国**です。かつて、西欧に**「眠れる獅子」と畏怖された中国が、2世紀の時を経て、遂に本領発揮**です！

また、**成長著しいAsean（東南アジア）**も注目です。特にタイ、インドネシア、ヴェトナム、フィリピン、ミャンマーの5か国は、過去20年間概ね毎年5～8%程度のGDP成長率、人口も5,000万人以上かつ若者が多い人口構成のため、世界中が注視しています。面白いところではサッカーJリーグの北海道コンサドーレ札幌。「ヴェトナムの英雄」レコンビン、「インドネシアでtwitterフォロワー400万人超のスター」イルファン、「タイのメッシ」**チャナティップ**を獲得しました。**プレーだけでなく、**東南アジア諸国の個人・法人が北海道に目を向けて頂くことにも大きく貢献し、**北海道経済に絶大な好影響**をもたらしています。

■ 発展途上国への技術支援は、諸刃の剣！

最後に、**発展途上国への技術支援の功罪**についても述べておきます。日本の持つ高い技術力や組織運営ノウハウで途上国の発展を更に加速させる。これは、様々に魅力があります。単純に困っている人々を支援したいという「**利他性**」、誰かを助けている自分が好きという「**ウォームグロー**」、そして成長の果実を共に享受する「**ビジネス**」。しかし株式会社の使命は株主利益最大化である以上、ビジネス以外で動くと落とし穴があります。例えばシャープ。韓国に**余すところなく液晶の技術支援**をしたにも関わらず、サムスン電子が成長すると逆に技術の特許侵害で訴訟され、**世界的なシェアも奪われ、シャープは身売り**となりました。韓国の**自尊心に配慮した対応や、Win-Winとなる契約**があれば、違っていたかもしれません。

項羽を破り「漢」を統一した劉邦は、国士無双と評され統一の**立役者であった部下の韓信を処刑**します。死ぬ間際の韓信の言葉「**狡兎死良狗烹**」。獲物のウサギを仕留められれば、次には飼い主を噛む危険性があるため、役立つ優秀な猟犬も殺処分される、という意味です。人間性が疑われる理不尽も、時にビジネスの場では起こり得ます。**利用価値が無くなってもポイ捨てされないためには、自分が有利な力関係のうちにきちんと然るべき契約を締結**し、長期にわたり**価値を共有し合える「パートナーシップ」の関係**になることが肝要なのです。

第 10 章　アジアの経済　問題演習

＜著者作成＞

平成の始まりと終わりでの、株式時価総額アジア No.1 とその国のトップ 50 内企業数は？

■ 解答・解説

以下の通り**平成の始まりは日本の NTT 等 32 社、終わりは中国（大陸）のアリババ等 7 社。**

世界時価総額ランキング（1989（平成元）年）

順位	企業名	時価総額（億ドル）	国名	業種
1	NTT	1,638.6	日本	通信
2	日本興業銀行	715.9	日本	金融
3	住友銀行	695.9	日本	金融
4	富士銀行	670.8	日本	金融
5	第一勧業銀行	660.9	日本	金融
6	IMB	646.5	アメリカ	IT
7	三菱銀行	592.7	日本	金融
8	Exxon	549.2	アメリカ	エネルギー
9	東京電力	544.6	日本	エネルギー
10	Royal Dutch Shell	543.6	イギリス	エネルギー
11	トヨタ自動車	541.7	日本	自動車
12	GE（General Electric）	493.6	アメリカ	電器
13	三和銀行	492.9	日本	金融
14	野村証券	444.4	日本	金融
15	新日本製薬	414.8	日本	医薬
16	AT&T	381.2	アメリカ	通信
17	日立製作所	358.2	日本	電器
18	松下電器	357.0	日本	電器
19	PM（フィリップ・モリス）	321.4	アメリカ	タバコ
20	東芝	309.1	日本	電器
21	関西電力	308.9	日本	エネルギー
22	日本長期信用銀行	308.5	日本	金融
23	東海銀行	305.4	日本	金融
24	三井銀行	296.9	日本	金融
25	Merck & Co.（米国メルク）	275.2	アメリカ	医薬
26	日産自動車	269.8	日本	自動車
27	三菱重工業	266.5	日本	重工業
28	Du Pont（デュポン）	260.8	アメリカ	化学
29	GM（General Motors）	252.5	アメリカ	自動車
30	三菱信託銀行	246.7	日本	金融
31	BT（BT Group plc）	242.9	イギリス	通信
32	Bellsouth（ベル・サウス）	241.7	アメリカ	通信
33	BP（The British Petroleum Company plc）	241.5	イギリス	エネルギー
34	Ford Motor Company	239.3	アメリカ	自動車
35	AMOCO	229.3	アメリカ	エネルギー
36	東京銀行	224.6	日本	金融
37	中部電力	219.7	日本	エネルギー
38	住友信託銀行	218.7	日本	金融
39	Coca-Cola	215.0	アメリカ	食品
40	Walmart（ウォルマート）	214.9	アメリカ	流通・小売
41	三菱地所	214.5	日本	不動産
42	川崎製鉄	213.0	日本	重工業
43	Mobil	211.5	アメリカ	エネルギー
44	東京ガス	211.3	日本	エネルギー
45	東京海上火災保険	209.1	日本	金融
46	NHK	201.5	日本	娯楽
47	American Locomotive Company	196.3	アメリカ	運輸
48	日本電気	196.1	日本	電器
49	大和証券	191.1	日本	金融
50	旭硝子	190.5	日本	化学

世界時価総額ランキング（2019（平成 31）年4月）

順位	企業名	時価総額（億ドル）	国名	業種
1	Apple	9,644.2	アメリカ	IT
2	Microsoft	9,495.1	アメリカ	IT
3	Amazon	9,286.6	アメリカ	IT
4	Alphabet（Googleの持株会社）	8,115.3	アメリカ	IT
5	Royal Dutch Shell	5,368.5	オランダ	エネルギー
6	Berkshire Hathaway（Warren Buffett）	5,150.1	アメリカ	多業種
7	阿里巴巴（アリババ）HD	4,805.4	中国（大陸）	IT
8	騰讯（テンセント）HD	4,755.1	中国（大陸）	IT
9	Facebook	4,360.8	アメリカ	IT
10	JPMorgan Chase & Co.	3,685.2	アメリカ	金融
11	Johnson & Johnson	3,670.1	アメリカ	化学・医薬
12	Exxon Mobil Corporation	3,509.2	アメリカ	エネルギー
13	中国工商銀行	2,991.1	中国（大陸）	金融
14	Walmart（ウォルマート）	2,937.7	アメリカ	流通・小売
15	Nestlé（ネスレ）	2,930.0	スイス	食品
16	Bank of America（バンカメ）	2,896.5	アメリカ	金融
17	VISA	2,807.3	アメリカ	信販
18	P&G	2,651.9	アメリカ	化学
19	Intel（インテル）	2,646.1	アメリカ	IT
20	Cisco Systems（シスコ）	2,480.1	アメリカ	IT
21	Master card	2,465.1	アメリカ	信販
22	Verizon Communications	2,410.7	アメリカ	通信
23	Walt Disney（ディズニー）	2,367.1	アメリカ	娯楽
24	Samsung Electronics（サムスン電子）	2,359.3	韓国	IT
25	臺灣積體電路製造股份（TSMC）	2,341.5	台湾地区	IT
26	AT&T	2,338.7	アメリカ	通信
27	Chevron（シェブロン）	2,322.1	アメリカ	エネルギー
28	中国平安保険	2,293.4	中国（大陸）	金融
29	The Home Depot	2,258.2	アメリカ	建材・小売
30	中国建設銀行	2,255.1	中国（大陸）	金融
31	Roche Holding	2,242.9	スイス	医薬
32	UnitedHealth Group	2,179.2	アメリカ	医薬
33	Pfizer	2,164.1	アメリカ	医薬
34	Wells Fargo	2,132.3	アメリカ	金融
35	The Boeing	2,117.8	アメリカ	航空機
36	Coca-Cola	2,026.4	アメリカ	食品
37	Union Pacific	1,976.4	アメリカ	運輸
38	中国移動通信（チャイナ・モバイル）	1,963.6	中国（大陸）	IT
39	中国農業銀行	1,935.0	中国（大陸）	金融
40	Merck & Co.（米国メルク）	1,897.5	アメリカ	医薬
41	Comcast	1,896.9	アメリカ	通信
42	Oracle	1,866.7	アメリカ	IT
43	トヨタ自動車	1,787.6	日本	自動車
44	PepsiCo	1,772.5	アメリカ	食品
45	LVMH（ヴィトン）	1,762.8	フランス	アパレル
46	Anheuser-Busch InBev	1,753.0	ベルギー	食品
47	HSBC HD	1,749.2	イギリス	金融
48	Novartis International AG	1,742.6	スイス	医薬
49	Fomento Economico Mexicano（FMX）	1,713.4	メキシコ	食品
50	Netflix	1,647.5	アメリカ	娯楽

（出所）平成 31 年に関しては Yahoo ファイナンス https://stocks.finance.yahoo.co.jp/、平成元年に関してはダイヤモンド社のデータ https://diamond.jp/articles/-/177641?page=2 を元に作成した 2019 年 7 月 17 日「STARTUP DB」の記事 https://media.startup-db.com/research/marketcap-global を著者が業種を追加し、社名を修正して作成。

<著者作成>
アジア諸国・地域の国民性の相違を、客観的にデータを用いて比較してください。

■ 解答・解説

世界各国に存在するIMB社の社員データから**国民性の相違を指標化**した「ホフステッド指数」は、非常に有意義です！全6指標回答あるアジア17か国･地域と、参考に世界最大･最小の国を整理したものが以下となります。**国民性の相違を踏まえたニーズ分析は重要！**

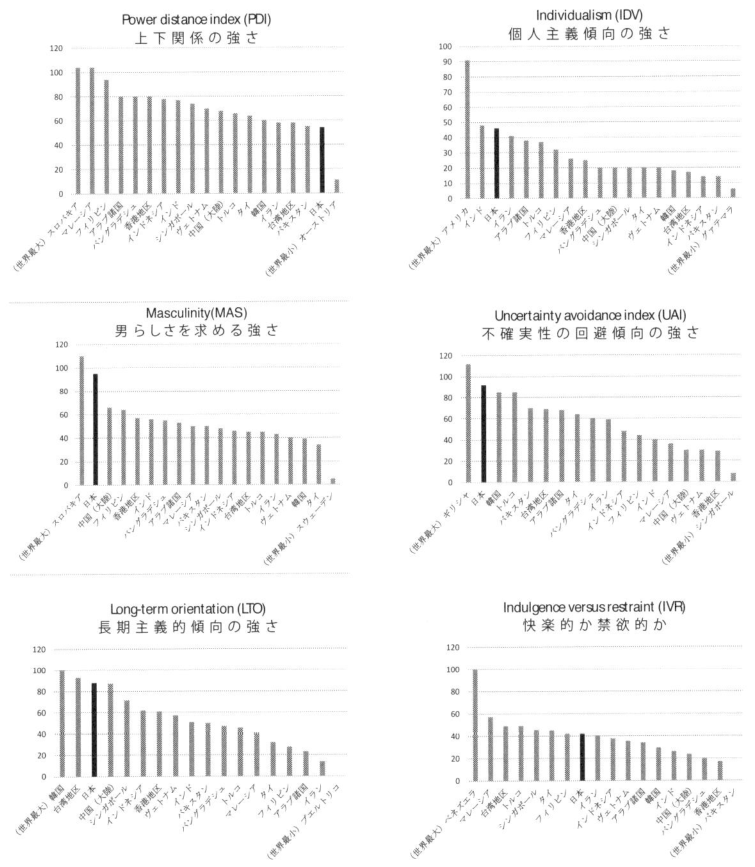

（出所）ホフステッド指数　http://www.geerthofstede.eu/dimension-data-matrix

【就活コラム　essence 10】資格取得は就活で有効か

バブル崩壊やリーマンショック等の影響で就活市場も**不況（買い手市場）になると**、少しでも採用確率を上げるために**「資格」が人気**となります。コロナ禍の現在も、資格に興味を持たれる諸兄姉も多いと思います。しかしながら、**資格が採用に直結するケースは稀**です。

医師、弁護士、公認会計士、司法書士、看護師等の**「業務独占資格」**は、その業界で働くには必須ですし、**難関資格をパスした事実は能力・意欲の強い「シグナリング」**となります。また、中小企業診断士、社会福祉士、栄養士等の**「名称独占資格」**も、事実上、その業界で**活躍するためには必須**になっています。上記で「直結するのは稀」と指摘したのは、数か月で取得できる**「技能資格」**になります。中には就活生の**不安を煽り**、その実態は単に受験料や教材等お金儲けが目的の**悪徳資格業者も存在**します。履歴書の資格欄が空欄でも、大企業に内定している先輩はいっぱいいます。「就活　資格」でググり、ご自身で確認しましょう！

■　自己PRに適する「コスパ」の良い資格

とはいえ、**自分の興味**を示す、**業界研究**の一環、**何もしないと不安**等の目的で、資格取得のような**「中ボス」をクリアして、内定という「ラスボス」に挑みたい**方もいらっしゃると思います。せっかくなら、金銭的にも勉強時間的にも**「コスパ」の良い資格**が良いですよね。

以下、コスパの良い資格を、独断と偏見でランキング形式にしてみました。

1位	**TOEIC** **※大学院進学ならTOEFL**	他の資格を目指す時間があれば**ここに能力全振り**すべきの、絶対必須資格! 大企業を狙うには780点超は欲しい。900点超なら旧帝大の学歴と同等評価も。
2位	**日商簿記2級** **（日本商工会議所主催）**	経理職以外でも重要視され、**ビジネスに興味がある証左**となる伝統的資格。 やや難易度が高いが、**コスパ最高**。1級はコスパが超絶悪くお勧めしない。
3位	ITパスポート	令和時代の**キーワードはIT**、本資格は1か月程度で取得可能とコスパ◎。 より意欲があればMOSや基本情報技術者試験も。更なるマニアにはAWS等。
4位	宅地建物取引主任者	不動産会社や信託銀行等を目指す場合は必須。入社後に必要となるため、学生のうちに取得した方が一石二鳥。年1回、難易度も高いので要注意。
5位	秘書技能検定	ビジネスマナー、一般常識、誰かを支える能力を有するアピールとなる。 名前の響きも良く「私を誰だと思ってるの?秘書よ」等のネタでも使える。
6位	統計検定	2011年開始で歴史は浅いが、AI・EBPM時代のデータサイエンティストに。 ナイチンゲール氏に感銘を受けた諸兄姉も、尊敬の念を込め受験すべし!
7位	社会福祉士	令和時代のもう一つのキーワードは「福祉」。福祉の最高峰の資格であり、受験資格がほぼ特定学部に限定されるため、取っておくと後々生きそう。
8位	普通自動車運転免許	地方採用や転勤が多い会社では必須。履歴書の資格欄の空欄回避にもなる。 合宿で一気に取得すると、新しい出逢いが刺激にもなり、一石二鳥。
9位	危険物取扱者乙種4類	化学系能力のアピール。ガソリンスタンドで時給がアップする特典も。 名前の響きも良く「危険人物の取扱なら任せて!」等のネタでも使える。
10位	中小企業診断士	名称独占資格の中でも最高峰。必要勉強時間はまさかの1,000時間超の難関。 簿記2級の4倍、宅建の3倍大変だが、コンサルを目指す場合は武器になる。

上記にあるとおり、**とにかく英語**です！特に**学歴に不安を覚える諸兄姉**は、TOEICを極めることで、**旧帝大等の有名大学を逆転すらあり得る**と考えます。TOEICはリスニングとリーディングしか出題されませんから、聴く力と読む力に全振り、極論、英語が実際に話せなくても良いです。なお、まずは**お金をかけず「DUO3.0」を100回は繰り返し聴く**のがお勧め。

なお、語学や簿記等の**「資格の学校」**は、ある程度基礎力や足腰を鍛え、勉強を続けられている一方、成績が伸び悩んだ際の**更なるブーストで利用、がコスパ的に最高**でしょう。

第11章　経営学
（Business administration）

―経営学と経済学の似ているところ、似ていないところ―

Here lies a man who was able to surround himself with men far cleverer than himself.（己よりはるかに優れた人材を集められし者、ここに眠る）

鉄鋼王アンドリュー・カーネギー（1835-1919）の墓碑に刻まれし言葉

第11章　経営学　要約

・製品の良さだけでなく、広告／立地／価格も重要！
・2要素に絞り迅速な意思決定のBCGマトリクス！
・横文字に溺れず、信頼を得る泥臭い努力が大切！

みなさん、経営者は何故「文系」が多いか考えたことはありますか？少し古い情報ですが2008年5月18日の日刊ゲンダイの記事によると、日経平均株価に採用されている225社の学部別**社長数は、1位経済学部43名、2位法学部41名と文系がワンツーフィニッシュ**となっています。もちろん、経済学部はアメリカでは理系扱いですし、マイクロソフトのビル・ゲイツ氏をはじめ、近年のIT系は自らの技術力で切り拓く理系社長が増えています。また、Panasonicの松下幸之助氏のように、学歴の無い大社長も存在します。アメリカの「鉄鋼王」アンドリュー・カーネギー氏もそうですね。イギリスから移民し13歳で初めて働いたのは1日12時間を6日働いて週給1.2ドルの糸を整理する係。そこから何故カーネギーホールを作れる**大富豪になったのか？それは**カーネギー氏自身のスキル・行動力・洞察力・忍耐力もさることながら**「借りられるものは何でも借りる」という姿勢**だと解されます。

日本の諺にも「聞くは一時の恥、聞かぬは一生の恥」とあります。理系にありがちなのは、「聞くのは恥ずかしいし、相手に申し訳ない」「自分で調べ、考えるべきだ」の思考回路。それは間違いではありません。ですが、**そのために時間を費やし意思決定が遅くなっては、ビジネスの場では一歩出遅れることを意味し**ています。一方、この人に聞けば間違いないという**選別眼、そしてその人材とパイプを作れる信頼があれば、問題は秒で解決**です。三國志でいえば、誰より高い武力を発揮する「呂布奉先」や誰より高い知力を誇る「諸葛亮孔明」ではなく、優れた人材を多く集められし「曹操孟徳」や「劉備玄徳」こそ、経営者なのです。

■　製品の良さだけでなく、広告／立地／価格も重要！

経済学は、基本的には「価格」に着目します。定量データが分析上、扱いやすいからです。一方の経営学は「マーケティングミックス」が多く採られます。「**マーケティングの4P**」が代表的ですね。**価格(Price)以外も、広告(Promotion)、立地(Place)、製品の良さ(Product)のバランス**を考える、という手法で、英語の頭文字が4つともPなので4Pと呼ばれます。

例えばタピオカ。価格や製品の良さ以上に、メディアを通じてブームを起こす広告手法や原宿や駅前等の出店立地に優れていたため、多くの人々の心を掴んだのだと考えられます。また、古い話ですが、レナウン社は「フレッシュライフ」という**抗菌防臭靴下を「通勤快足」と名称変更すると、売上が1億円から一気に13億へ、2年後に45億円へと激増**しました。Product、Price、Place（販路）は変わらない中で、Promotionが大成功した好例ですね。

経済学でも、第4章の「ダミー変数」を用いて価格以外のデータも考慮しますが、一般論を導くため、ある程度データ蓄積が無いと分析が難しい「遅さ」があります。一方経営学は、特定要素に着目したケーススタディが多く、中にはご都合主義や移り気な場合があります。

■　2要素に絞り迅速な意思決定のBCGマトリクス！

マーケティングミックスとしては、他にはマッキンゼー時代の大前研一氏が考案したとされる「**3C分析**」も有名です。**顧客（Customer）**、**競合他社（Competitor）**、**自社（Company）**の観点から市場環境を分析し、経営戦略上の課題を導くという考え方です。尤も顧客=需要、競合他社および自社=供給と考えれば、**経済学が重要視する「需要と供給」と同じ**ですね。もっといえば、**孫子の兵法書にある「彼を知り己を知れば百戦あやうからず」も同義**です。

マーケティングミックスで**最もシンプルなのは2要素**です。代表的なのは、市場の成長性と占有率の2要素に着目した「**BCGマトリクス**」です。BCGはボストン・コンサルティング・グループのことで、より正式には**PPM**:Product Portfolio Matrixと呼びます。市場の成長性を縦軸、占有率を横軸に取り、以下の図のように分析します。

市場の成長性　高

市場占有率　低	高成長かつ低占有 問題児 (Question mark)	高成長かつ高占有 花形 (Star)	市場占有率　高
	低成長かつ低占有 負け犬 (Dog)	低成長かつ高占有 金のなる木 (Cash cow)	

市場の成長性　低

花形:	現状シェアが高く利益が大きいが、成長性が高いため更なる多額の投資が必要で、うっかりすると競合他社に抜かれ、「問題児」と化す。
金のなる木:	市場が成熟し追加投資が必要ない一方シェアが高く利益が大きい「稼ぎ頭」。但し、産業自体の衰退に要注意！
問題児:	成長性が高いため多額の投資が必要な一方、シェアが低いため短期的には利益が見込めない。シェア拡大が急務も、撤退も視野。
負け犬:	市場が成熟し追加投資で挽回できる余地が僅少、現状のシェアも低いため、利益が見込めない。ほぼ撤退一択。

このように、市場の成長性と占有率という、たった2要素しか考えずに済むため、**迅速な意思決定が可能**となります。経営学には、競合他社と血で血を洗う「レッドオーシャン」を避け、なるべく競争の少ない分野で勝負すべきとする「**ブルーオーシャン戦略**」があります。青く澄み切った海を独占するためには、常にアンテナを張り、人々のニーズに嗅覚を持ち、リスクを取って「**ファーストペンギン**」としていち早く飛び込むことが重要です。その点、このBCGマトリクスは、要素を絞り最速の意思決定を目指すうえでは有効と考えられます。但し、これはあくまで起業や未知にチャレンジをする場合であり、安定した企業に就活する場合は、先駆者の成功・失敗を踏まえた「**セカンドペンギン**」の方が圧倒的に有利です。

■　横文字に溺れず、信頼を得る泥臭い努力が大切！

「クルーシャルなクライアントのマターだから、ショートノーティスだけどASAPで！」「当社もDX対応でAIを導入し、HRMにアジリティ変革とシナジーを！」。経営学の特徴は、**「横文字が多い」ことでしょう。いわゆる「意識高い系」ほど、カッコ良い**とお感じになる傾向がありますが、場合によっては「イキっている」と思われ、信用を失うこともあります。

「日々愚直に努力し、より良いモノを創る」という職人芸あっての経営者やコンサルです。職人さん、現場社員、裏方さん等の実際にProductする各業務スペシャリストにリスペクトの念を持ち、それぞれの場の**空気感に合わせられる洞察力、謙虚さ等の人間性や信頼を得る泥臭い努力**こそ、自らProductしない司令塔にとって重要な実務能力の一つなのです。

第 11 章　経営学　全体像フローチャート

経営学は一般的に「Quick and Dirty」、つまり「70点のデキでも迅速に対応」することが好まれる傾向があります。ケーススタディが重視されます。換言すれば、体系的な全体像フローチャートの作成は非常に難しく、かつ、選択と集中の「コア・コンピタンスに特化」と新規成長やリスク分散の「多角化経営」等、矛盾する理論も多く存在するのでご留意を！

経　営　学 →【第 11 章】

経営戦略論
- **経営戦略**
  - ① コア・コンピタンス
  - 多角化
  - シナジー効果
  - ブルーオーシャン戦略
    - ファーストペンギン
      - セカンドペンギン
    - レッドオーシャン
  - ② ドミナント戦略
  - ③ STP 戦略
  - ブランド戦略
  - ドメイン戦略
  - コストリーダーシップ戦略
  - マーケットイン／プロダクトアウト
  - ④ スタックインザミドル
  - ⑤ リスキーシフト
  - 模倣戦略
    - 「マネシタ電器産業」から「技術の松下」へ
- **マーケティング理論**
  - プロダクト・ポートフォリオ・マネジメント分析（PPM）
  - マーケティングの4P
  - マーケティングの3C
  - ⑥ SWOT 分析
  - ⑦ パレートの法則
- **企業買収（M&A）**
  - 選択と集中
  - TOB（株式公開買い付け）
  - 新株予約権
  - 第三者割当増資
  - 買収戦略
    - ホワイトナイト
    - パックマン・ディフェンス

社会貢献活動
- **IR 情報（投資家に対する広報活動）**
  - CSR（社会的責任）
  - ESG（環境・社会・ガバナンス）
  - CSV（共有価値の創造）
  - SDGs（持続可能な開発目標）
  - ISO14001/26000（環境の国際規格）
- **リスクマネジメント（損失の回避や低減）**
- **コンプライアンス（法規遵守）**

技術経営論
- **生産管理**
  - ジャストインタイム（JIT）
    - トヨタのカンバン方
  - 損益分岐点
  - ⑧ PDCA サイクル
    - カイゼン
- **品質管理**
  - フォード・システム
  - ベンチマーキング
  - 顧客満足度（CS）
- **製品開発**
  - デファクトスタンダード
  - オープン規格
  - コンカレントエンジニアリング
- **イノベーション理論**
  - イノベーター（2.5%）
  - アーリーアダプター（13.5%）
    - オピニオンリーダー／インフルエンサー
  - アーリーマジョリティ（34%）
  - レイトマジョリティ（34%）
  - ラガード（16%）
  - 分岐点（バカ売れ）分析
    - キャズム理論（16% が壁）
    - ⑨ クリティカル・マス（16% 超で劇的増）
  - シンギュラリティ（技術的特異点）
  - オープンイノベーション

経営組織論
- **経営管理**
  - ヒューマンリソースマネジメント
  - 官僚制／官僚制の逆機能
  - 日本的経営
    - 終身雇用／年功序列
    - 労働組合
  - 職能別組織
  - 事業部制
  - 持株会社（ホールディングス）
  - コンティンジェンシー理論
- **モチベーション理論**
  - ⑩ ホーソン実験
  - 成果主義
  - 内発的動機づけ

第11章　経営学　重要用語トップテン

本章での1ワードピックアップは「パレートの法則」。つまり**出逢いの分母を広げれば、果実も増えます！**類似の「働きアリの法則（2-6-2の法則）」も興味深いです。アリのうち8割方の食料を集めるエースは2割、6割のアリは普通、2割のアリは食料を集めずサボる。**サボる2割をリストラしても、今度はその中で2-6-2に分かれサボるアリが出現**。…深い！

	用語	英語名	内容	
①	コア・コンピタンス	Corecompetence	定義	ある企業の活動分野において、競合他社を圧倒的に上まわり、**真似できない核（コア）となる能力**のこと。選択と集中。
			例	就活では柔軟性が最重要も、**キャラが立つ「軸」**があると有利。人事部長が社長に採用理由を端的に説明できる「ウリ」を意識！
②	ドミナント戦略	Dominantstrategy	定義	**地域を絞って集中的に出店**し、限られた資源の効率的な活用とその地域での市場占有率を向上させ、独占状況を目指す経営戦略。
			例	**集中的に業界研究した希望業種**は、企業の規模にこだわらずなるべく多くの企業にエントリーしましょう！意外な出逢いも！
③	STP戦略	STPMarketing	定義	**市場開拓**では､Segmentation（細分化）→ Targeting（標的化）→ Positioning（位置付け）､の順に明確化すべしとする経営戦略。
			例	まず広く業界分析を行って細分化→業界や企業をターゲット化→自身の手持ちカードを踏まえ職種や位置付けを絞る、これ王道！
④	スタックインザミドル	Stuckinthemiddle	定義	**相異なる2つの戦略の同時追求は中途半端**になり、長期的な業績は、かえって低迷（コストリーダーシップと差別化戦略等）。
			例	就活では**「八方美人」は嫌われます**。就活の軸やキャラ設定を明確にし、沿わない業種は**変に媚びず正直にした方が好印象！**
⑤	リスキーシフト	Riskyshift	定義	閉ざされた集団での合意形成では極端な言動が注目されやすく、**客観的にみれば危険度の高い意見が賛同を得られやすい**こと。
			例	「周りの友達はみんな就活は始めてないから、まだいっか。」**これは大変危険な考えです！　今すぐ始めましょう!!!**
⑥	SWOT分析	SWOTanalysis	定義	Strengths（強み）、Weaknesses（弱み）、Opportunities（機会）、Threats（脅威）を分析し、**自社の経営資源最適化**を図ること。
			例	孫氏の兵法書「敵を知り己を知れば百戦危うからず」のとおり、就活は**自己分析と状況分析の両輪が重要!!**
⑦	パレートの法則	Pareto'slaw	定義	経済において、全体の数値の80%は、全体を構成するうちの20%の要素が生み出しているという理論。太客。**別名「80:20の法則」**。
			例	就活でも、費やした時間のうち結果に結びつくのは20%位かも。けど何もしなければ、0%。**80%の徒労も、20%の果実の糧**です！
⑧	PDCAサイクル	plan-do-check-actcycle	定義	Plan（計画）→ Do（実行）→ Check（評価）→ Act（改善）を繰り返し、**業務を効果的かつ継続的に改善**する手法。
			例	就活もまさにPDCAの繰り返し!ESで落とされ、面接で揉まれ、徒労となっても、くぐり抜けた場数だけ、**涙の数だけ強くなれます！**
⑨	クリティカル・マス	CriticalMass	定義	商品やサービスの普及が爆発的に跳ね上がる分岐点、もしくはその**爆発的な普及に必要な「市場普及率16%」**のこと。
			例	一旦**軌道に乗れば**、内定はポンポン出て「え〜私、困っちゃう〜♪（全然困ってない）」状態の**モテ期が来ます！**諦めないで!!
⑩	ホーソン実験	Hawthorne experiments	定義	労働者の**作業能率は**、個人の能力や客観的な職場環境よりも、職場における**人間関係や目標意識に左右**されることを証明した実験。
			例	就活でいくら業界研究を深めても、**結局は人と人の「相性」**です。社風が合うか自分の目で、肌感覚で確認することは、非常に重要！

第１１章　経営学　問題演習

経営学も、**公務員試験では比較的出題**されます。王道的な問題を見てみましょう。

< 2020 年度　国税専門官試験　専門試験「経営学」No.36 >

経営組織論に関する次の記述のうち，妥当なのはどれか。

1　マトリックス組織では，メンバーは機能部門長と事業部長の両方を上司として持つことになる。この組織形態は，機能別の専門性の確保と，製品や地域といった市場ごとの対応の両方を目指したものであるが，機能部門長と事業部長が同等の立場である場合，責任の所在が不明確になるという問題もある。

2　ライン・アンド・スタッフ組織とは，スタッフ部門の下位にライン部門を位置付けたものである。この組織形態は専門化の効果を発揮しにくいことから，その欠点を克服するものとしてファンクショナル組織が考案された。

3　M. ヴェーバーは，官僚制組織の特徴として，明確な職務規定から生じる逆機能について指摘した。これは，組織メンバーが規則を遵守することで，顧客の個別のニーズへの対応ができず，顧客とのトラブルが増えることから，規則の遵守が更に徹底され，それ自体が目的となり，組織が合理的に機能しないことを指す。

4　事業部制組織とは，カンパニー制組織において，事業の細分化が進むことで最新の市場動向を把握できず，商品開発力の弱体化につながるという問題に対応するために考案されたものである。また，カンパニー制組織では，経営トップ層は戦略策定と役員人事だけに専念することはできないが，事業部制組織では専念することができるとされる。

5　プロジェクト組織とは，ある特定の目的を達成するために複数の異なる組織から組織横断的にメンバーを選抜して編成される常設的な組織であり，その業務は，企画業務など複数の部門の意見を集約する必要があるものに限られる。

■　解答・解説

1は、正しい記述ですね！2の「ライン・アンド・スタッフ組織」とは、ラインの職能を手助けするスタッフが付け加えられた組織形態です。 この組織形態はラインの長所である「命令一元化の原則」と、ファンクショナル組織の長所である「専門化の原則」を兼ね備えたものなので、設問は全体的に記述が誤っていますね。3の「M. ヴェーバー」逆に官僚制を提唱した方で、逆機能は「マートン」ですね。4は、事業部制だとむしろ細分化が進んで開発力が弱体化してしまいます。マトリックス組織なら、事業部制組織と機能別組織のいいとこ獲りです。5は「チーム制組織」や「タスクフォース」等とも呼ばれます。前段の記述は正しいですが、後段の「その業務は，企画業務など複数の部門の意見を集約する必要があるものに限られる。」が誤り。PT は、①市場動向の変化が激しい場合、②問題解決にスピードが要求される場合、③創造性の高いイノベーティブな開発の場合、等で有効です。

続いて、経営学らしく、**ケーススタディ**を考えてみましょう。

<著者作成>

UNIQLO の新卒採用戦略における以下の「年収公開」について、考えを述べよ。

年収のお知らせ。

※対象：国内ファーストリテイリンググループ　期間：2012 年 9 月～ 2013 年 8 月

グレード	平均年収	最低年収	最高年収	年齢	参考（役職）
K-4	2 億 4,000 万	2 億 4,000 万	2 億 4,000 万	64 歳	・執行役員
K-3	2 億 2,619 万	1 億 7,120 万	3 億 2,000 万	44 歳～	
K-2	9,590 万	9,145 万	1 億 36 万	43 歳～	
K-1	8,318 万	4,565 万	1 億 3,221 万	40 歳～	
E-3	3,709 万	2,814 万	5,108 万	39 歳～	・スーパースター店長 ・部長 ・リーダー ・本部社員
E-1	2,512 万	2,090 万	2,781 万	42 歳～	
M-5	1,737 万	1,565 万	2,064 万	36 歳～	
M-4	1,405 万	1,163 万	1,737 万	33 歳～	
M-3	1,357 万	1,183 万	1,742 万	33 歳～	
M-2	1,131 万	868 万	1,401 万	33 歳～	
M-1	988 万	776 万	1,275 万	32 歳～	
S-5	819 万	637 万	1,235 万	28 歳～	・スーパーバイザー ・スター店長 ・店長 ・店長代理 ・本部社員
S-4	702 万	560 万	888 万	27 歳～	
S-3	625 万	512 万	852 万	24 歳～	
S-2	548 万	437 万	792 万	23 歳～	
J-3	455 万	363 万	618 万	23 歳～	・店舗社員 ・本部社員
J-2	398 万	351 万	474 万	23 歳～	
J-1	395 万	317 万	460 万	22 歳～	

1億円役員はいます。1億円店長はまだか。

フェアに評価します。いい仕事をした人に、もっと大きな仕事を任せます。給料に上限はありません。

第一志望、ユニクロ

（出所）ファーストリテイリング「新卒採用 2015」サイトを元に著者作成

■　解答・解説

採用戦略の一環とはいえ、上記のファーストリテイリングの年収テーブル公表は、非常に大きな衝撃を世間に与えました。特に**5,000 万円超という「スーパースター店長」**の存在。そして良い話だけでなく、そのグレードでの**最低年収や平均年数も明記することで、透明性と真実味を向上**させており、大きく心を動かされた就活生もいらっしゃったことでしょう。

但し、第 13 章の行動経済学（P.93 や P.94）で指摘する**アンダーマイニング効果**、つまり**金銭報酬等の外発的動機づけは、本質的なヤル気（内発的動機）を阻害**する可能性には留意が必要です。また高額報酬に生産性を向上させる「因果関係」が、単なる「見せかけの相関」でないかも検討が必要。**この採用戦略を現在は継続していない**ところからも、小さく書いてある「いい仕事をした人に、もっと大きな仕事」の方が、より内発的動機といえますね。

【就活コラム　essence 11】バイト等課外活動の重要性

学生の本分は、「就活」である。━皆さんは、この考え方をどう思いますか？

教育の本質は、最終的には「社会に出て役立つ人材の育成」と解します。社会で役に立つ内容を、学業で得られる知識や学業を修める過程で得られる思考パターン・記憶方法に限定するなら、学生の本分は「学業」といえます。例えばGDPが世界1位の経済大国であるアメリカと2位の中国では、就活において学業の成績が非常に重視されます。よって、**両国での就職を目指す学生にとっては、**一つでも秀（S）の単位を増やし**GPAを上げる「学業」専念が学生の本分であり、最適戦略**となります。

ですが、GDP世界3位の**日本社会の就活で、学業成績以上に、コミュニケーション能力や洞察力が重要視**されます。理由は恐らく、日本はアメリカや中国のように個人主義ではなく、集団主義社会だからです。**足し算ではなく掛け算の関係**を構築できる人材になれば、例えば4＋4＝8よりも4×4＝16の方が2倍も高いパフォーマンスを発揮できます。つまり、単に一個人の知識や思考力が向上することよりも、**シナジーを生む「適合力」**が身に付いている人材の方が社会的価値は高いと考えるのが、日本です。これについて、どちらの社会がより望ましいかという分析は、本書ではしません。個人の力で社会を短期間に変えることは難しいからです。**雨なら傘をさす、晴れなら上着を脱ぐ**ように、その社会の「需要」に合致する自分をどう「供給」するか、**善悪ではなく需給という経済学的視点**に立って考えます。

コミュニケーション能力や**洞察力を向上させるためには何が重要か？それはもちろん、「課外活動」**です。アルバイト、部活、ボランティア、趣味、インターン。**机に座って本を読んでいるだけでは世の中のことは分かりません。**実際に行動し「ヒト」と接する中でしか、本当の意味での「ヒト」とのコミュニケーション能力や空気を読む洞察力は涵養されません。

その際は、できる限り**自分とは異なるバックグラウンドの「ヒト」との出逢いが大切**です。世界観を広げ、新しい景色を見ることは必ずや諸兄姉の**更なる成長の糧**となり、ガクチカ等就活エピソードでも大いに役立つことでしょう。もちろん、**気の合う仲間と青春を謳歌**することも大事です。両方のバランスを考え、**複数の「居場所」**を作ることをお勧めします。

■　ストップ詐欺被害！　私は騙されない

但し‼世の中は悪い人がいっぱいです。世間慣れしていない学生を狙った**悪質な詐欺**、極端な政治的思想の**デモ強要**、不安に付け込んだ**宗教勧誘**、**マルチ**まがいの商品売りつけ、そして**性的搾取**。特に**女性は本当に、本当に注意**が必要です！大事なので2回言いました！

対策としては「絶対に**一線は守る**」、「相手の社会的**肩書を信用し過ぎない**」、「万一の際は**両親や教員等に相談**する」です。一見まともと信頼しても、下劣な人間性の大人は沢山おり、**地位を悪用して揉み消し、泣き寝入り**も多々あります。本心から素敵に見えてもそれは単に**先輩マジックに過ぎません。**また、ノリで**悪ふざけSNS投稿**、**正義感**からのデモ参加等も、**就活で致命的なマイナス**を与える恐れがあります。課外活動は**信用・安全第一で！**

第 12 章　会計学
(Accounting theory)

−損益計算書と貸借対照表から見えてくるもの−

ヨーロッパが生んだ**最大の発明の一つは、複式簿記**である。

ドイツの詩人**ヨハン・ヴォルフガング・フォン・ゲーテ**（1749-1832）の言葉

第 12 章　会計学　要約

・損益計算書（P/L）は家計簿的なフローの概念！
・貸借対照表（B/S）は銀行残高的なストックの概念！
・PC は一括経費ではなく費用と収益を対応させる！

「Mehr Licht!（もっと光を！)」。ゲーテ氏が亡くなる直前の最期の有名な言葉。これが詩的・哲学的な意味なのか、単に部屋が暗かったのかは分かりませんが、ゲーテ氏といえば世界で一番有名な「詩人」ですよね。世界史で「ゲーテ、シラー」と太字コンビで暗記させられたり、小説『若きウェルテルの悩み』の作者、「おとーさん、おとーさん！魔王が僕を！」で有名な歌曲『魔王』の作詞でも有名なゲーテ氏。諸兄姉の中には、ゲーテ詩集を携行し、思春期を謳歌した方もいらっしゃるかもしれません。その**ゲーテ氏が絶賛した「複式簿記」。詩的世界と現実世界、二律背反する感性を併せ持つゲーテ氏の偉大さ**が垣間見れます。

会計は「証券取引法会計」「税務会計」「商法会計」の3種類があります。そのうちの一つ、商法が世界で最初に法典化されたのは、1673 年の「フランス商事王令（通称サヴァリー法)」です。ブルボン朝の太陽王・ルイ 14 世の王令ですね。この法典に書いてある条文がなんと「**会社が倒産した時、複式簿記の帳簿を裁判所に提出できない経営者は、死刑に処する**」。にゃんと！ストロング・スタイルですね。。。でもその位、複式簿記は重要だったのです。

■　損益計算書（P/L）は家計簿的なフローの概念！

複式簿記とは、取引の二面性に着目し、貸借平均の原理に基づいて組織的に記録、計算、整理する記帳法のことを指します。**端的にいえば、「損益計算書（P/L）」と「貸借対照表（B/S）」を作るため**に必要となります。ここではまず、P/L について説明します。**P/L とは、企業のある期間における収益と費用の状態をあらわす財務諸表のこと**です。身近な例は「**家計簿**」です。「今月の収入は、バイト料8万、仕送り5万です。支出は、家賃5万、食費3万、遊興費等2万でした。3万円余ったので来月に繰り越し。」といった、毎月の出し入れを示すフローの概念。これを複式簿記で書くと、以下となります（これを「**仕訳**」といいます)。

（借方）	現金（資産）	8万円	／	（貸方）	バイト料（収益）	8万円
（借方）	現金（資産）	5万円	／	（貸方）	仕送り（収益）	5万円
（借方）	家賃（費用）	5万円	／	（貸方）	現金（資産のマイナス）	5万円
（借方）	食費（費用）	3万円	／	（貸方）	現金（資産のマイナス）	3万円
（借方）	遊興費（費用）	2万円	／	（貸方）	現金（資産のマイナス）	2万円

仕訳では、**左側の借方に費用・資産、右側の貸方に収益・負債・純資産（資本）**のプラスを書くルールです。借方と貸方は必ず同じ金額になるため「複式」簿記といわれます。このように記録すれば、①貸方の収益合計は 13 万円、②借方の費用合計は 10 万円、③「現金」は最終的に借方と貸方を相殺すると借方に3万円（資産が3万円)、の3点が分かります。**P/L としては、①と②の情報のみ使用し、今月のフローは3万円黒字**でした、と記録します。

■ 貸借対照表（B/S）は銀行残高的なストックの概念！

B/Sとは、企業のある期間における資産、負債、純資産の状態をあらわす財務諸表のことです。身近に例えれば「**銀行残高**」です。貯金は「資産」、ローンは「負債」。累積された、ストックの概念ですね。前ページの例でいえば、B/Sでは③の情報のみ使用し、月末残高は3万円増加、と記録します。具体的には、P/LとB/Sは以下のような関係にあります。

先月末の貸借対照表(B/S)

現預金	35万	未払授業料	50万
株	10万	借金	3万
Switch	5万	純資産	▲1万
貸付金	2万		
	52万		52万

今月の損益計算書

家賃	5万	バイト料	8万
食費	3万	仕送り	5万
遊興費	2万		
繰り越し	3万		
	13万		13万

今月末の貸借対照表(B/S)

現預金	38万	未払授業料	50万
株	10万	借金	3万
Switch	5万	純資産	2万
貸付金	2万		
	55万		55万

一番左の先月末でのB/Sでは、「資産」は、現預金35万、株10万、友人への貸し2万、そして売ればお金になる任天堂Switch +どうぶつの森が時価で5万、合計52万。大資産家ですね！ですが、実はこの方、何と授業料を50万滞納しており、借金も3万円あります。つまり、資産の逆の「負債」が53万あるのです。資産52万を差し引いても1万足りませんので、「純資産（資本）」はマイナス1万（▲1万）、つまり「**債務超過**」となります。その中で、今月3万の繰り越しがあったため、一番右の今月末でのB/Sでは、現預金が38万に増加した結果、資産合計が55万になり、負債は53万で変わりませんから、純資産は2万、つまり債務超過は解消されました！資産を売り払い手元に用意できるお金は合計55万円、それで授業料50万と借金3万の**負債を返済しても手元に2万残る**、ということです。

このように「**真実」の経営状況を見るためには、P/LとB/Sの両面が重要**なのです！

■ PCは一括経費ではなく費用と収益を対応させる！

ここで、次の月に12万円のPCを購入したらどうなるでしょうか。仕訳は、

（借方） PC（資産） 12万円 ／ （貸方）現金（資産のマイナス） 12万円

となるため、ストックのB/S上は項目（簿記では「**勘定科目**」といいます）が変わっただけ、フローのP/Lには特段登場しないこととなります。ただPCは、一般に数年すると動きが遅くなったりして買い替える必要がある「消耗品」の部分もあるので、**「数年後にまたPCの買い替えで10万円必要だよ！」という情報は何らか把握しておきたい**ところですよね？把握手段は2つ。1つは、実際の現金の出し入れだけに注目した第3の財務諸表を作成すること。これが「**キャッシュフロー計算書（C/F）**」です。もう1つは、「消耗した額」を毎月記録すること。これを「**減価償却費（Dep）**」といいます。例えば、PCが4年持つとすると、

（借方） PC減価償却費（費用） 3万円 ／ （貸方）PC（資産のマイナス） 3万円

という仕訳を4年間すれば、**費用項目をP/Lに登場させ、資産が減ることをB/Sにも反映**することができます。PCの費用12万円を、PCが使える4年間に按分する「**費用収益対応の原則**」ですね。ただ、このように直接PCを減らすと最初にいくらで買ったかが分からなくなるので「PC減価償却累計額」という控除項目として記録する「間接法」が一般的です。

第 12 章　会計学　全体像フローチャート

会計学は、「一般に公正妥当と認められる」かが重要で、非常に実務に根ざした学問です。「机上の空論」的な経済学とは水と油ですが、**それぞれの良い部分を吸収**しましょう！

会　計　学 →【第 12 章】

会計の種類
　トライアングル体制
　　証券取引法会計（一般に公正妥当と認められる会計基準）
　　商法会計（債権者保護の色彩が強い）
　　税法会計（別表4・5等を調理し、確定申告に用いる）
① **企業会計原則（日本版 GAAP）**
　　一般原則
　　　一　真実性の原則
　　　二　正規の簿記の原則
　　　三　資本利益区別の原則
　　　四　明瞭性の原則
　　　五　継続性の原則
②　　　六　保守主義の原則
　　　七　単一性の原則
　　　注解　重要性の原則
　米国会計基準（US-GAAP、単に GAAP）
　国際会計基準（IFRS）

簿記
　複式簿記
　　仕訳
　　借方（Dr.）／貸方（Cr.）
　　残高試算表（前 T/B ／後 T/B）
　　仕入・繰商・繰商・仕入（しーくりくりしー）
③　　先入先出法／後入先出法／移動平均法
　個別論点
④　減価償却費（Dep）
　　　定額法／定率法／生産高比例法／級数法／取替法
　　貸倒引当金の4要件
　　有価証券／売掛金／手形／割賦販売／税効果／
⑤　ファイナンスリース／オペレーティングリース
⑥　連結会計／持分法による投資利益／のれん
　日商簿記試験

財務諸表論
　損益計算書（P/L）
　　費用収益対応の原則
　　実現主義
　　販管費（販売費及び一般管理費）
　　売上総利益／営業利益／経常利益／当期純利益
　貸借対照表（B/S）
　　有形固定資産／無形固定資産／研究開発（R&D）
　　附属明細書
　キャッシュフロー計算書（C/F）
　　営業活動／投資活動／財務活動
　株主資本等変動計算書（S/S）
　　資本金／利益剰余金／自己株式／配当
　財務会計の概念フレームワーク

原価計算論
　原価計算（工業簿記）
　　ころがし計算（ボックス図）
　　仕掛品
　　直接材料費／直接労務費／製造間接費
　　歩留率
　　変動費／固定費
　　変動製造マージン
　管理会計
⑦　　CVP 分析（損益分岐点分析）
　　　限界利益率／貢献利益率
⑧　　ROE（自己資本利益率）／ ROA（総資本利益率）
　　PER（株価収益率）／ PBR（株価純資産倍率）
　　財務レバレッジ

商法（会社法）
　会社形態
　　合名会社／合資会社：無限責任社員が存在
　　合同会社：有限責任かつ所有と経営一致
　　合同会社：有限責任かつ所有と経営分離
　　有限会社：少額資本金で設立可能（2006 年で廃止）
　機関（役職）
　　株主総会（社員　※「株主」のこと）
　　取締役会（代表取締役、取締役）
　　監査役会（監査役）
　　会計監査人
　　会計参与
　　指名委員会等設置会社
　　　指名委員会（執行役員（CEO・CFO 等））
　　　監査委員会
　　　報酬委員会

監査論
　監査基準委員会報告書
　　十分かつ適切な量の監査
⑨　　サンプリングによる試査
　　後発事象の注記
　四半期レビュー基準報告書
　内部統制（内部監査人監査）
　意見不表明

⑩ **公認会計士**
　短答試験
　　財務会計論／管理会計論／企業法／監査論
　論文試験
　　必須：会計学／監査論／企業法／租税法
　　選択：経済学／経営学／民法／統計学
　US-CPA

第12章　会計学　重要用語トップテン

本章での1ワードピックアップは「のれん」です。例えば甲子園や箱根駅伝。スポーツとしてのレベルだけでは、プロに遠く及びません。しかし**何故ここまで人々の心を捉えるか？その答えは「熱さ」**です！必死のヘッドスライディングや、たすきを渡した直後の倒れこみ。**熱い感動もまた、ブランド価値を創り得る**のです！本書P.50で、就活の重要要素第3位を「熱意」としたのは、まさにこの趣旨。**年配面接官の心に訴える、若者の「熱さ」**を！

	用語	英語名		内容
①	**企業会計原則**	GAAP:Generally Accepted Accounting Principles	定義	企業会計の**実務の中に慣習として発達**したもののなかから、一般に公正妥当と認められるものを要約した原則（帰納的アプローチ）。
			例	fact追求の自然科学は演繹法、変化する社会科学は帰納法が効果的。**人対人の就活は当然帰納法！**「一般に公正妥当」を察する洞察力！
②	**保守主義の原則**	Principle ofconservatism	定義	「損失は予想すれども利益は予想すべからず」という原則。企業収益の**過大評価を防ぐことが目的**。
			例	自信は大事ですが、過信や慢心は禁物！面接は自慢話アピール大会ではなく、採用メリットをお伝する場。**順調な時ほど謙虚に！**
③	**減価償却**	有形資産：Depreciation 無形資産：Amortization	定義	長期間にわたって使用される固定資産の取得に要した支出を、その資産が**使用できる期間にわたって費用配分**する手続きのこと。
			例	4年間の楽しい大学生活のためなら、1年間の受験勉強の辛さは1/4。定年まで**40年以上の安定収入になる就活**は、超絶頑張る価値アリ！
④	**先入先出法**	FIFO:First In, First Out	定義	**先に取得したものから順に払い出される**と仮定して、棚卸資産の取得原価を払出原価と期末原価に配分する方法。
			例	就活は、**早めに動いた方が、早く結果が出る**ことが多いです！6月応募より3月応募ですし、1年生からインターン参加も熱意！
⑤	**ファイナンス・リース**	Financelease	定義	**ノン・キャンセラブル**（解約不能）かつ**フル・ペイアウト**（全ての利益とコストを負担）の両方を満たすリース取引のこと。
			例	同じリースという形式でも、様々な会計処理方法が存在するように、例えば同じ「地域職」でも意味が異なる場合があるので**よく確認！**
⑥	**のれん**	Goodwill	定義	企業のM&Aの際に発生する「買収された企業の時価評価純資産」と「買収価額」との差額のこと。**暖簾はブランド価値を示す象徴**。
			例	**大学のブランド価値は、偏差値だけではありません**。育ちの良さ、バンカラ、不撓不屈の精神、オシャレ等、イメージは最大限利用を！
⑦	**CVP分析**	Cost-Volume-Profit Analysis	定義	コストを**変動費と固定費に区分**して限界利益率や損益分岐点を計算し、利益・販売数量を分析する管理会計上の手法。
			例	自分の特性で変えられる部分（変動）と変えられない部分（固定）を客観視して区分し、**可変部分に絞って努力するとより効率的！**
⑧	**ROE（自己資本利益率）**	Return On Equity	定義	自己資本に対する当期純利益の比率のこと。株主の投資額に比してどれだけ**効率的に利益を獲得したかを判断**するのに用いられる。
			例	昔は「株主資本利益率」と言われ重用されたROEも、今ではPBR等の指標が席巻し扱い微妙。就活でも、時代遅れの**オワコン情報には要注意！**
⑨	**サンプリングによる試査**	Auditsampling	定義	監査対象となった項目の中から**一部をサンプルとして抽出**し、その結果から監査対象全体の妥当性を推定するという試査の方法。
			例	先輩内定者の声が役に立つのは、それが平均的サンプルの場合のみ。第4章でも紹介した**情報のサンプリングバイアスには要注意！**
⑩	**公認会計士**	CPA: Certified Public Accountant	定義	公認会計士とは、会計の専門家である。「**資本市場の番人**」として会計監査を独占業務とし、コンサルティング業務、税務業務も行う。
			例	3大難関試験と言われる公認会計士、司法試験、国家公務員。しかし就活で最強の新卒カードを捨て**試験浪人するのは、非常に危険‼**

第１２章　会計学　問題演習

会計学は公務員試験で一般的とまではいえませんが、**国税専門官等では必須解答**です！

＜2020年度　国税専門官試験　専門試験「会計学」No.9＞

我が国の企業会計原則に関する次の記述のうち、妥当なのはどれか。

1　真実性の原則とは、企業会計は、企業の財政状態及び経営成績に関して、真実な報告を提供するものでなければならないとする原則である。企業会計では、会計の選択適用が認められている場合が多いため、ここでいう真実とは、絶対的な真実を追求するものではなく、相対的な真実を意味している。

2　保守主義の原則においては、予想の損失は計上してはならないとされる。また、この原則に基づく会計処理として、収益面については、資産を原価主義によって測定し収益を発生主義によって計上する。

3　重要性の原則とは、企業会計は、財務諸表によって、利害関係者に対し必要な会計事実を明瞭に表示し、企業の状況に関する判断を誤らせないようにしなければならないとする原則である。これは、財務諸表が一般投資家にとっても、またその他の利害関係者にとっても、企業の財政状態及び経営成績に関する判断を下すために重要な情報手段となるためである。

4　継続性の原則とは、企業会計は、その処理原則及び手順を毎期継続して適用し、みだりにこれを変更してはならないとする原則である。この原則は、経営者の恣意的な会計処理を抑えることを目的としており、企業は、法令や会計原則等の会計規範が変更された場合のみ、一旦採用した会計処理方法を変更することが認められるが、変更後の新しい会計処理方法を遡って適用し、過去の財務諸表を作り替えることは認められていない。

5　正規の簿記の原則とは、企業会計は、全ての取引につき、正確な会計帳簿を作成しなければならないとする原則である。この原則は、全ての取引を網羅的に正しく記録すべきことを要求していることから、現在、会計帳簿の作成において、項目の性質や金額の大小から見て重要性が乏しいからといって、簿外資産又は簿外負債を持つことは認められていない。

■　解答・解説

毎年ほぼ必ず出題される、企業会計原則の問題。**初っぱなですが、1が正解！相対的真実は頻出。「絶対的真実」なんて無いのです！**本来は5秒で片付け次の問題に行きたいですが、一応確認すると、2は「発生主義」ではなく「実現主義」。3は「重要性の原則」ではなく「明瞭性の原則」。ていうか、2行目に「明瞭」って書いてますよね ?? 4は、「法令や会計原則等の会計規範が変更された場合のみ」に限られません。5は、企業会計原則注解（注1）で、重要性の乏しいものは簡便な方法で処理しても正規の簿記の原則上 ok としています。

＜2020 年度　国税専門官試験　記述試験「4. 会計学」＞

引当金について、次の問いに答えなさい。

(1)　引当金の意義について説明しなさい。

(2)　引当金の計上要件について説明しなさい。

(3)　評価性引当金と負債性引当金について，それぞれ具体例を挙げて説明しなさい。

■　解答・解説

(1) は､引当金の**定義**と､企業会計原則の一つ「**保守主義の原則**」に依る旨が書いてあればok。引当金とは、将来において費用又は損失が発生することが見込まれる場合に、適正な期間損益計算の観点から当期に帰属する金額を当期の費用又は損失として借方に記録し、それに対応する残高を負債等の貸方に計上すること、が定義。(2) は、**4要件**（①将来の特定の費用又は損失、②当期以前の事象に起因、③発生可能性が高い、④金額を合理的に見積り可能）が書いてあればok。(3) は、**評価性引当金と負債性引当金の定義、評価性引当金は貸倒引当金**、負債性引当金は退職給付引当金あたりを例に書いてあればok。

あまりに簡単すぎるので、2019 年度の問題も見てみましょう。

＜2019 年度　国税専門官試験　専門試験「会計学」No.15＞

ある製品について、損益分岐分析を行う。この製品の固定費が 600 万円、貢献利益率が 0.6、変動費率が 0.4 であるとすると、損益分岐点における売上高はいくらか。

選択肢　① 600 万円　② 1,000 万円　③ 1,200 万円　④ 1,500 万円　⑤ 1,800 万円

■　解答・解説

「損益分岐点売上高＝固定費÷貢献利益率」のため、秒殺で②が正解です！

＜2019 年度　国税専門官試験　記述試験「4. 会計学」＞

会計公準として一般的に考えられているものを三つ挙げ、それぞれについて説明しなさい。

■　解答・解説

基本中の基本、企業会計原則の問題。まず会計公準の**定義**（GAAP、すなわち、実務の中に慣習として発達したものの中から、一般に公正妥当と認められるものを要約した、帰納アプローチであること)。そのうえで､**ギルマンの3公準**（企業実態の公準､継続企業の公準、貨幣的評価の公準）を説明すれば十分といえます。

公務員試験で会計学まで手が回らない志望者も多く、結果として簿記3級レベルの平易な問題が多いため、**集中的に勉強して、絶好の得点源にしましょう！**（試験科目にあれば）

【就活コラム　essence 12】大学院進学

大学院とは、高等教育（学士課程）にて優秀な成績評価を取得した者を対象として、上級学位（修士、専門職学位、博士）を付与する機関です。日本では、理系は修士進学が一般的なものの、文系で院進学をする者はあまりいません。実際、日本での就職（開発以外の職種）では、**大学院卒は一般的に非常に不利**になります。それは、日本は「**ポテンシャル採用**」のため、高卒や大卒で採用し**社内で一から染め上げるという採用慣習**のためです。**海外では、**働いてお金を溜め、MBAに進学、スキルを上げ**ステップアップ転職が一般的**ですが、日本の**「新卒一括採用・年功序列・終身雇用」といった伝統的な労働環境には留意**が必要です。

とはいえ、**修士課程や博士前期課程**（2年間）に限っていえば、**さほど不利にはならない**場合もあります。日本の就活では未だに**「新卒カード」は最強の武器**であり、学部卒業時に思うような就活が叶わなかった場合、**院進学して履歴書空白を回避し、2年後に大学院新卒としてリトライ**する戦略は、非常に合理的です。**ファーストキャリア（最初の就職）は生涯に亘り重要**なので、特にバブル崩壊・リーマンショック・コロナ禍級の、個人の能力・努力ではどうしようもない超絶不況期では、院でスキルアップし、採用状況が回復した2年後も視野に入れるべきです。**その場合も、学部4年春は、絶対に全力で就活すべき**です！

■　大学院入試で留意すること

大学院の**出願期間は、一般的に7月出願**、8月試験が多いです。例えば北海道大学大学院経済学院では、2020年7月6日～7月14日が出願期間、同8月20日が入試日でした。秋や翌年2月に二次募集がある場合もありますが、**基本的には夏ですので、学部4年6月頃に就活の手応えが無い段階から院進学の準備を始めても、少し遅い**かもしれません。何故ならTOEFLという英語試験が必須な場合が多く、TOEFLはリスニングとリーディングだけでなく、ライティング（書く）とスピーキング（話す）もあり、多くの日本人が苦手だからです。

最低60点、できれば80点程度欲しいところです。**難易度はよくTOEIC ÷ 10と言われますが、対策しないと**財務省のキャリア官僚でも30点、帰国子女でも70点の**惨敗を喫します。受験料が2万円以上と超高額**のため、事前にライティング用のテンプレを作る、採点対象外の「ダミー問題」を調べる等、入念な準備をして何とか一回で済ませることをお勧めします。

専門科目は、様々な大学で公開している**過去問で対策を立てる**のがセオリーです。

研究計画書も重要なので、ゼミや講義で信頼できる**大学教員によく見てもらいましょう。**

なお、**大学院は本来**、研究テーマを指導できる**教員を見つけ、事前相談し選ぶ**のが一般的です。但し、**就活を見据えるなら、ネームバリュー、立地、入学者の出身大学、先輩の進路**も重要です。まずは気になる大学院のパンフレットを熟読するとよいでしょう。例えば北大経済大学院2016年度入学者は、**北大生は僅か17%**、札幌大学等道内大学6%、京都産業大学、岡山商科大学等の道外大学23%、外国54%という内訳です。憧れの旧帝大の充実した設備、雰囲気で学び、一人暮らしで自立心も養われる。**公私ともに飛躍的な成長**が期待できます！

第13章　行動経済学
(Behavioral economics)

―心理学とのコラボによる経済学進化への深夜急行（ミッドナイト・エクスプレス）―

It is not the strongest of the species that survives, nor the most intelligent that survives. It is the one that is **most adaptable to change**.

（最も強い者が生き残るのではなく、最も賢い者が生き延びるのでもない。唯一生き残ることができるのは「変化のできる者」である。）

チャールズ・R・ダーウィン（1809～1882）「進化論」を端的に表す言葉

第 13 章　行動経済学　要約

・行動経済学とは、心理学とコラボした新分野！
・1年後の 120 万より今すぐ 100 万選択こそ、人間！
・単位のためでなく、内発的動機こそ学問の本質！

自然淘汰のルールは**「強者生存」ではなく「適者生存」**。実はダーウィン氏自身の言葉ではなく1963 年にレオン・メギンソン氏がダーウィン氏の考えを独自に解釈し使用した言葉が誤って現代まで伝わっているようですが、原典は問題ではありません。「天使」を超え、もはやネ申の領域であるナイチンゲール氏も「あなた方は進歩し続けない限りは退歩していることになるのです。目的を高く掲げなさい。進歩の無い組織で持ちこたえたものはない」という名言を残しています。**時代の潮流に合わせ変化する状況やニーズをいち早く察知し、最適なソリューションを提供する。これがプロとしてのビジネスの、きほんの「き」**です。

経済学も、2020 年でも現在進行形で様々に進歩し続けています。その代表格が、本章の行動経済学です。アダム=スミス氏以来、分析の大前提とされた「人々は合理的に行動する」、そこに一石を投じ、1990 年代から労働経済学の派生として急速に広まった新しい分野です。行動経済学の始祖といわれるダニエル・カーネマン氏は 2002 年にノーベル経済学賞を受賞、近年も 2017 年にもリチャード・セイラ―氏がノーベル経済学賞を受賞しており、日本でも 2007 年に行動経済学会が設立されています。新しい分野だけに守旧派からの批判も多いのですが、例えば日本の行動経済学会の設立メンバーには、テレビでも有名な大竹文雄先生が名を連ねています。行動経済学者には労働経済学や金融論の分野で顕著な実績をあげている先生が多く、経済学者としてのしっかりした裏打ちが、**2002、2013、2017 年と 15 年間で3回ものノーベル賞受賞**に繋がっているのかもしれません。

■　行動経済学とは、心理学とコラボした新分野！

行動経済学とは、経済学の数学モデルに心理学で観察された事実を取り入れる研究手法です。端的にいえば「心理学とコラボ」ですね。ここでは実例として、ダン・アリエリー（2013）『予想どおりに不合理』の最終章にあるビールを注文する実験を紹介します。この本は、2021 年1月現在において **Amazon「経済思想・経済学説」ベストセラー1位・楽天ブックス「ビジネス・経済・就職部門」1位という、バケモノ級の玉稿**です。

この実験は、グループ客に「4種類のビールから1つ選んで試飲できます」と提案して、A パターンでは順番に声を出して注文、B パターンでは紙に書いて注文を取りました。この A/B テストにより、**A パターンでは、アメリカだと前の人と違うビール、一方のアジアでは前の人と同じビールを注文する傾向**が明らかになりました。独立心が強く被らないものを選好する西洋人と、調和を重んじる東洋人の心理の相違。この実験でそれ以上に重要なのが、**アメリカもアジアも、好きなビールを注文できた B パターンの方が満足**、という事実です。文化の相違はあれど、どんな人々も、他者に影響され不合理な行動をしてしまうのですね。

■ 1年後の120万より今すぐ100万選択こそ、人間！

もし**「1年後の120万」と「今すぐ100万」**なら、どちらを選びますか？賢明な諸兄姉であれば、現在のゼロ金利時代、消費者金融（サラ金）の利率でさえ最大で年利18%ですから、実質20%年利の前者を選ぶかもしれません。ですが、世の中は、**迷わず「今すぐ100万」を選択するケースが大半**でしょう。1年後に約束が破られ、受取額0円となるリスクもあり、すぐに欲しがるのが人間のサガです。この傾向は様々な心理学的実験でも示されています。

例えば、「無条件で100万」と「コインを投げ表が出たら200万、裏が出たら0円」だと、期待値は共に100万ですが、圧倒的に前者が選ばれます。但し、「受取」ならば。これが逆に「支払」だったら、どうでしょう？現時点で200万の借金がある状況で「無条件で借金が100万に減額」と「コインを投げ表が出たら借金チャラ（＝200万減額）、裏が出たら何も変化なし」という2択なら期待値は共に100万ですが、圧倒的に後者を選ぶことが実証されています。従前の経済学的では「平均的には、人は堅実でリスク回避的」とされます。しかし、**心理学的には「人は目の前に利益があると、手に入らないリスク回避を優先」するものの「目の前に損失があると、損失そのものの回避を優先」する、という性質**が指摘されます。この事実を行動経済学としてまとめたのが、元々認知心理学者であった前述のカーネマン氏であり、2002年にノーベル賞を受賞したこの考え方を「**プロスペクト理論**」と呼びます。

臨時で1万円貰えた喜びと、1万円落とした際の悲しみ、同じでしょうか？　手術の際に「90%の人が助かります」と「10%の人が死にます」、どちらが安心感を抱きますか？　機械であれば「同じ事実」と捉えるでしょう。しかし人間は、**プラスの情報とマイナスの情報は、感じ方が全く異なる**のです。近年、ビジネスの場でも行動経済学が脚光を浴びるのは、この**「人間心理」への洞察力、見せ方や言葉の選び方だけで、結果が大きく変化**するからです。

また、**人間の幸福は「相対」で決まる**という研究も蓄積されています。例えば、時給が1,000円から1,100円にアップすれば普通は嬉しいはずですが、仮に他のバイト仲間全員が時給1,000円から1,300円にアップした事実を知ったらどうですか？恐らく落ち込みます。従業員10人全員が年収500万だったとして、5人を450万に減俸、5人を550万にアップしたら、企業が払う給与総額は同じですが、生産性はどうでしょう？　前述のとおりプラスとマイナスで感じ方は相違するため、**評価された5人の意欲上昇よりも、減俸の5人の士気低下の方がはるかに大きいため、トータルの生産性は大きく下がる**と推測されます。

■ 単位のためでなく、内発的動機こそ学問の本質！

行動経済学は、勉学にも応用可能です。卒業単位をぶら下げ勉強を強要すると、単位取得という目的を果たした後は、講義内容をキレイさっぱり忘れがちです。**講義の本質的面白さを学ぶ動機から、単位取得という別の動機にすり替わってしまった**のですね。これを行動経済学では「**アンダーマイニング効果**」と呼びます。判断能力が未熟な未成年のうちは、何の役に立つのか理解不能なsin･cosを入試のため暗記もやむなしです。ただ成人の諸兄姉は、ぜひ**学問の本質的な面白さ、「内発的動機」を大切にして欲しい**と、切に願います！

第13章　行動経済学　全体像フローチャート

行動経済学は体系化が難しいため、**役に立つ用語50選**を紹介！字が小さくてすいません。。

日常生活編　10選

① **プロスペクト理論**：人間の意思決定は**必ずしも合理的ではなく**、非合理的な「ノイズ」の影響を受けているとする理論。
② **ハロー効果**：ある対象を評価する時に、それが持つ**顕著な特徴に引きずられ**て他の特徴の評価も歪められる認知バイアス。
③ **カクテル・パーティ効果**：自分が興味のある話題や都合のいい情報のみを選び**他の情報はシャットダウンする脳の情報処理機能**。
④ **割れ窓理論**：割れた窓ガラスの放置は、家主や管理人不在と推測され、**より凶悪な犯罪の誘因**となってしまうという理論。
フォールス・コンセンサス効果：**自分の言動は「フツー」で、他者も自分と同じ言**動をとると考えてしまう効果。
ヴェブレン効果／デモンストレーション効果／衒示的効果：高価な商品は、**入手自体に特別な満足感**を得る消費心理効果。
スノッブ効果：**「入手困難」であればあるほど欲しくなる**効果。逆説的にいえば、どこでも購入可能なものへの関心が薄くなる。
クレショフ効果：前後の**脈絡がない映像や写真の羅列**でも、無意識のうちに関係性を脳内補完し、**つながりを創ってしまう**効果。
カタルシス効果：心に溜め込んだ不安や苦悩を、**自分ないし他者が言葉や涙で表現するだけでも、その苦痛が解消**される効果。
⑤ **ジャムの法則／決定回避の法則**：選択肢が多くなり過ぎると、**逆に行動を起こせなくなる**という法則。選択肢は3～7個が最適。

恋愛編　10選

ザイオンス効果：単純に**「接触回数」**が多ければ多いほど、親近感がわき、好印象になりやすい効果。
ツァイガルニク効果：既に完成されたものよりも、**未完成・未熟で成長途上のものに、より一層興味**が惹かれるという効果。
ウィンザー効果：口コミやレビュー等の第三者を介した**間接情報や噂の方が、直接伝えられるよりも影響が大きい**という効果。
吊り橋効果：人は「出来事→解釈→感情」となるため、外生的に**吊り橋で興奮させる事でも「恋してる」と錯覚**する効果。
ゲインロス効果：当初は否定的な評価の人が、**途中から肯定的な評価に転じると、最も印象が良い**という効果果。ツンデレ効果。
スリーパー効果：当初信頼性が低くても、**時間の経過とともにマイナス印象が消え、信頼感を得る**効果。番長が花に水やり効果。
⑥ **自己開示の法則**：隠しがちな自分の**「弱さ」をさらけ出すほど、逆に他者は好意**を抱き、親近感を覚えるという法則。
バックトラッキング（おうむ返し）：相手の**言葉や言い回しを会話の採り入れ、繰り返す**と、その相手が好意を抱く効果。
ミラーリング効果（同調効果）：相手の**仕草や行動を採り入れ、繰り返す**と、その相手が好意を抱く効果。
返報性の原理：モノ・行為・敵意・譲歩・自己開示等、**誰かから与えられると、「お返し」をしたくなる**心理がはたらく原理。

投資活動編　10選

ハウス・マネー効果：ギャンブル等の幸運で得た**一時的な金銭は、努力して得た金銭よりも荒っぽい使い方**をするという効果。
⑦ **授かり効果（その1）**：自分の既に**所持しているものを客観的な相場より高く評価**し、手放したくないと考える効果。
⑦ **授かり効果（その2）**：一連の情報の中で**最初のもの、ないしは過去の経験で最良のものを基準**に置いて判断してしまう効果。
⑧ **コンコルド効果**：損失になると理解していても、**今までの投資（サンクコスト）を惜しみ、追加投資がやめられない**効果。
Jカーブ効果：**短期的には予想と逆**（マイナス）方向に動き、大きくプラスに転じる、グラフにすると「J」字のようになる効果。
ギャンブラーの誤謬：合理的な根拠のない自身の**主観や経験によって、確率論に基づいた予測が歪められてしまう**傾向。
帳消し効果：負けが続くと、**「取り返そう」としてより通常では考えられないほど高リスク志向**になる効果。深みにハマる効果。
ストループ効果：青色で「赤」と書く場合等、**同時に異なる情報を受け取った場合、情報を処理するまで時間がかかる**こと。
アンカリング効果：**最初に提示された数字や条件が基準**となり、その後の判断が無意識に左右される効果。
初頭効果／親近効果：重要情報は、相手の**関心が低ければ最初**に、**関心が高ければ最後**に提示すると印象に残るという効果。

マーケティング編　10選

⑨ **噴水効果**：**入口の魅力を強化すると集客増**となる効果。百貨店では、呼び水となる1階のブランドショップやデパ地下強化。
⑨ **シャワー効果**：**最上階の魅力を強化すると集客**増となる効果。百貨店では「北海道展」等の催事場や飲食等の最上階を強化。
バーナム効果：誰にでも当てはまりそうな内容をぼんやりと伝えると、**自分のことであると思いこむ効果**。インチキ占い師効果。
フレーミング効果／シャルパンティエ効果：物事の基準や**数値の見せ方を変えると、印象が大きく変化**する効果。
ゴルディロックス効果／松竹梅の法則：3つの選択肢を与えられた際、人は**「真ん中」を選ぶ傾向**があるという効果／法則。
ブーメラン効果：必死で説得・宣伝・説教すればするほど、相手は反対の意思を固めること。**お金と異性は追うほど逃げてゆく**。
黒い羊効果：自分が所属する集団**（内集団）の優秀な／劣った人を、客観的な相場以上に高く／低く評価**してしまう効果。
ダニング＝クルーガー効果：能力・容姿・言動等で、**能力の低い人ほど過大評価、高い人ほど過小評価**してしまう認知バイアス。
ドアインザフェイス：最初に大きな要求をし、**断られた後に譲歩した本題**の要求をすること。信頼関係が既に厚い場合に有効。
フットインザドア：小さな要求から**徐々に大きな要求に拡大**すること。信頼関係が薄い場合、ブランドを維持したい場合に有効。

モチベーション理論　10選

アンダーマイニング効果：金銭報酬等の**外発的動機づけが内発的動機づけとすり替わり**、無報酬になるとヤル気が低下する効果。
エンハンシング効果：**報酬や褒め言葉で内発的動機が高まり、ヤル気が上昇**する効果。短期的に有効な「ニンジン作戦」。
⑩ **メラビアンの法則**：印象とは、話の内容＝言語情報は僅か7%で、話し方＝聴覚情報38%、見た目＝**視覚情報55%**である法則。
カリギュラ効果：**禁止や制限が強いほど**、興味関心や好奇心が強まり、**逆にやってしまいたくなる**効果。
ピア効果：意識や能力の**高い集団に身を置くことで、切磋琢磨しお互いを高め合う**効果。逆に低い集団だと、悪影響が強まる。
宣言効果：目標を**文字で書き自己認識したり、他者に宣言すると、責任感が強まり達成確率が向上**する効果。有言実行。
ピグマリオン効果：教える側が**期待を持って丁寧に教えると、学習者の成績が向上**する効果。逆パターンは「ゴーレム効果」。
リンゲルマン効果：集団で共同作業すると、**人数の増加に伴い、一人当たりの課題遂行量が低下**する効果。フリーライダー。
サイレントフォーカス：一定の**沈黙を生むことで、より人を惹きつけ**集中させる手法。
プラシーボ効果：偽薬を処方しても、薬だと**信じ込む事によって、何らかの改善がみられる**効果。病は気から。

第13章　行動経済学　重要用語トップテン

本章での1ワードピックアップは「ジャムの法則」です。本書を読んで如何でしょうか？色々な要素を詰め込みまくったので、消化不良の諸兄姉もいらっしゃるかもしれません。。

でも伝えたいことは、実は、シンプルに以下の3点に要約されます！

①洞察力が重要！　②とにかく色々経験してみよう！　③最後は「縁」！

この軸を意識しながら、再度読み返して頂けると嬉しいです♪

	用語	英語名		内容
①	**プロスペクト理論**	Prospecttheory	定義	人間の意思決定は**必ずしも合理的ではなく**、非合理的な「ノイズ」の影響を受けているとする理論。1年後の120万円＜今の100万円。
			例	人間には必ず不合理な部分があり、それを恥じる必要はありません。「何でこんなことしたのかな。。」**それが縁を引き寄せることも！**
②	**ハロー効果**	Halo effect	定義	ある対象を評価する時に、それが持つ**顕著な特徴に引きずられて**、後光が射すように他の特徴の評価も歪められる認知バイアス。
			例	就活でも**「一芸に秀でている」と、全てが良く見えます!!** 第11章のコア・コンピタンスでも説明した「ウリ」です！
③	**カクテル・パーティ効果**	Cocktail-party effec	定義	自分が興味のある話題や都合のいい情報のみを選び**他の情報はシャットダウンする脳の情報処理機能**。
			例	就活のことなんて考えたくない人が大半、耳の痛い話も多いです。だからこそ、**都合のいい情報のみを選ばないよう、意識を！**
④	**割れ窓理論**	Broken windows theory	定義	割れた窓ガラスの放置は、家主や管理人不在と推測され、**より凶悪な犯罪の誘因**となってしまうという理論。
			例	就活では非常に優秀でも、ヘアピンをし忘れただけで面接落ちする場合もあります。**「デキる」学生ほど、細部まで気遣いを！**
⑤	**ジャムの法則**	The jam study	定義	**選択肢が多くなり過ぎると、逆に行動を起こせなくなる**という法則。選択肢は3～7個が最適。
			例	「無限の可能性」があるため、逆にプライドが邪魔して動けません。**とりあえずで動き、段階的に絞ってゆくのが**良いかと思います！
⑥	**自己開示の法則**	Self-disclosure	定義	隠しがちな自分の**「弱さ」をさらけ出すほど、逆に他者は好意を**抱き、親近感を覚えるという法則。
			例	人はマイナス情報の方がプラス情報の7倍敏感なもの。学生らしく**未熟さを部分的に出した方が、逆に好印象間違いなしです！**
⑦	**授かり効果**	Endowment effect	定義	①自分が**所持しているものを高く評価**してしまう効果。 ②情報の中で**最初（最良）のものを基準**に判断してしまう効果。
			例	就活でもつい自分自身や自分で調べた情報を過大評価したり、絶頂だった頃の自分に拘泥しがち。**自信は重要も、時に客観視も！**
⑧	**コンコルド効果**	Concorde fallacy	定義	損失になると理解していても、**今までの投資（サンクコスト）を惜しみ、追加投資がやめられない**効果。
			例	就活で情熱や粘り腰は大事ですが**特定企業への思い入れは、時に捨て去る勇気**も必要です。就活は、切り替えも大事!!
⑨	**噴水効果／シャワー効果**	Fountaineffect/ Showereffect	定義	**噴水効果**：百貨店が来客増を狙う際、呼び水となる**入口を強化** **シャワー効果**：逆に、催事場や飲食等の**最上階を強化**
			例	ESは自己満エピソードではなく、面接官に興味を持って頂くことを最も重視すべき。**ツッコミどころ満載の「パワーワード」を！**
⑩	**メラビアンの法則**	The rule by Albert Mehrabian	定義	印象とは、話の内容=**言語情報は僅か7%**で、話し方=**聴覚情報38%**、見た目=**視覚情報55%**である法則。
			例	**結局は面接での振る舞い次第**です!! **結局は面接での振る舞い次第**です!!（2回言いました!!!）

第13章　行動経済学　問題演習

行動経済学の直接的な出題はあまり見ないため、論文ベースで考察を深めてみましょう。

<Iyengar and Lepper (2000) "When choice is demotivating: Can one desire too much of a good thing?" を元に著者作成>

スーパーマーケットでジャムの試食コーナーを設け販売する際、ジャムの種類は6種類と24種類、どちらの方がより売上が高いでしょうか？

■　解答・解説

P.94〜95の**「ジャムの法則」のとおり、6種類の方が売上は高かったことが実証**されています。Iyengar and Lepper (2000) では、実在するスーパーマーケットに設けられたジャムの試食コーナーで、日によって6種類または24種類のジャムのサンプルを陳列したところ、試食コーナーに**立ち止まった消費者の数は、6種類の場合260人中104人 (40.0%)、24種類の場合242人中145人 (59.9%)** でした。つまり、実は**興味を持つ人数の割合は24種類の方が1.5倍も高かった**のです！一般的に、選択肢は多い方が多様な需要に応えられるといえますし、24種類の中には見たこともないほど希少=供給の少ないジャムも存在すると考えれば、「需要と供給」の理論から衆目を集めるのはガッテンします。

しかし、実際にジャムを**購入した消費者の数は、6種類の場合104人中31人 (29.8%)、24種類の場合145人中4人 (2.8%)** でした。「需要と供給」理論では全く説明がつかないほど、不合理な結果です。論文では、選択肢数の増加が選択結果の満足度を低下させ、結果として選択行動そのものを放棄させた「選択のオーバーロード」の影響を指摘しています。

(本書で2ページ前に、米粒のような大きさで50個も用語を載せておいてアレですが。。。)

人間の処理能力で無理なく比較・選択できるのはせいぜい3〜7個程度なので、いまいち**物事が進まない場合、3〜7に細分化した選択を繰り返し、大目標に向かうと効果的**です！

続いて、**インセンティブ**に関する論文です。

<Gneezy and Rustichini (2000) "A Fine is a Price," を元に著者作成>

イスラエルにて、平均月収がNIS 5,595 (≒17万円)、ベビーシッターの時給がNIS 15〜20 (≒450〜600円)、違法駐車の罰金がNIS 75 (≒2,250円) の状況で、親が託児所へ遅刻した場合NIS 10 (≒300円) の罰金を徴収することとした場合、親の行動にどのような影響があるでしょうか？　(注) NISとは、イスラエルの通貨単位シェケルの略号。

■　解答・解説

普通から考えれば、**お金を取られるのが嫌なので、遅刻は減りそう**ですよね？もしそんな結果であれば、本書では扱いません (笑)。そう、**実は、逆に遅刻が増加したのです!!**

Gneezy and Rustichini（2000）にて、保育所のうち罰金実施6か所、非実施4か所でA/Bテストを行った結果が、以下の表とグラフです。「遅刻してはならない」という義務感が「**金、払えばいいんでしょ？**」に変容して遅刻増加に転じ、かつ、罰金制度廃止後の**17週以降も遅刻件数は多いまま**。遅刻は大した問題ではないという認識が定着してしまいました。。。

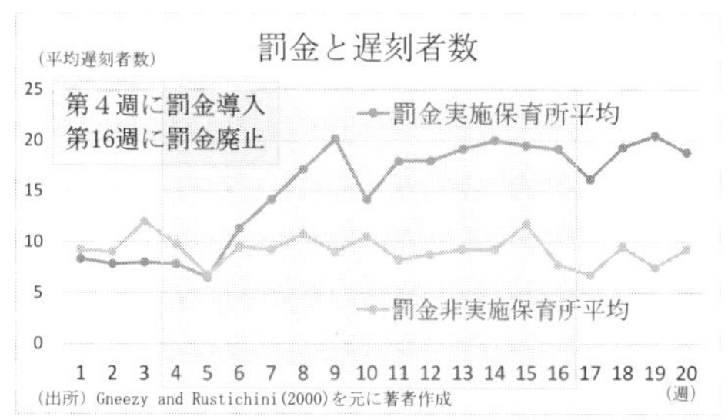

（出所）Gneezy and Rustichini(2000)を元に著者作成

	保育所	園児数	週　（第４週に罰金導入、第17週に罰金廃止＝第４～16週（灰色部分）は罰金あり）																			
			1	2	3	4	5	6	7	8	9	10	11	12	13	14	15	16	17	18	19	20
罰金実施	①	37	8	8	7	6	8	9	9	12	13	13	15	13	14	16	14	15	16	13	15	17
	②	35	6	7	3	5	2	11	14	9	16	12	10	14	14	16	12	17	14	10	14	15
	③	35	8	9	8	9	3	5	15	18	16	14	20	18	25	22	27	19	20	23	23	22
	④	34	10	3	14	9	6	24	8	22	22	19	25	18	23	22	24	17	15	23	25	18
	⑤	33	13	12	9	13	15	10	27	28	35	10	24	32	29	29	26	31	26	35	29	28
	⑥	28	5	8	7	5	5	9	12	14	19	17	14	13	10	15	14	16	6	12	17	13
罰金実施平均		33.7	8.3	7.8	8.0	7.8	6.5	11.3	14.2	17.2	20.2	14.2	18.0	18.0	19.2	20.0	19.5	19.2	16.2	19.3	20.5	18.8
罰金非実施	⑦	35	7	10	12	6	4	13	7	8	5	12	3	5	6	13	7	4	7	10	4	6
	⑧	34	12	9	14	18	10	11	6	15	14	13	7	12	9	9	17	8	5	11	8	13
	⑨	34	3	4	9	3	3	5	9	5	2	7	6	6	9	4	9	2	3	8	3	5
	⑩	32	15	13	13	12	10	9	15	15	15	10	17	12	13	11	14	17	12	9	15	13
罰金非実施平均		33.8	9.3	9.0	12.0	9.8	6.8	9.5	9.3	10.8	9.0	10.5	8.3	8.8	9.3	9.3	11.8	7.8	6.8	9.5	7.5	9.3

（出所）Gneezy and Rustichini(2000)を元に著者作成

最後に、計量経済学寄りですが、面白い論文を。**学問とは、こういうこと**です！

＜Duggan and Levitt（2002）“Winning isn’t Everything: Corruption in Sumo Wrestling”を元に著者作成＞

日本の大相撲に、八百長はありますか？　特に7勝7敗で勝ち越しがかかっている場合。

■　解答・解説

あれれ～、**理論値と比べ明らかに8勝7敗と7勝8敗だけ、おかしいぞ～？**（ノ∀｀）ｱﾁｬｰ

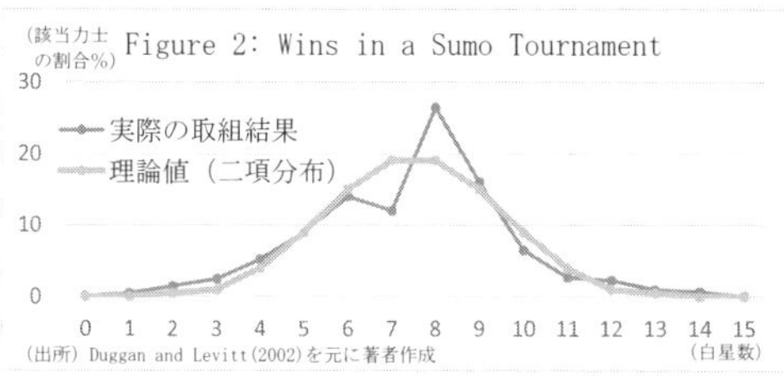

（出所）Duggan and Levitt(2002)を元に著者作成

【就活コラム　essence 13】公務員志望

「産」民間就活·「学」大学院進学と来れば、次は「官」**公務員志望**ですね。コロナ禍で不況のため、公務員を考えている諸兄姉も多いのではないでしょうか。ご自身の「安定」を第一に考えて公務員を志望すること自体は、否定はしません。ただ、**社会的身分や金銭的な目的だけで公務員になると、恐らく後悔**すると思います。理由は「**ムラ社会**」の場合が多い、「意外に**競争**がある」、「人々からの**バッシング**」です。

まず「ムラ社会」について、**公務員組織では人間関係が非常に重視**されがちです。飲み会の多さ、上下関係、職員旅行等、昭和が色濃く残っている場合が多くあります。コロナ禍でテレワークやフリーアドレス（座席自由）が浸透しつつある現在でも、頑なに face to face。**良い意味では人間味があるといえますが、個性を出すと「村八分」**の危険性があります。

次に「意外に競争がある」について、よく調べると**公務員には様々な活躍のフィールド**があることが分かります。例えば国税専門官は「税のスペシャリスト」というイメージですが、一律に税務署で調査に従事する訳ではありません。広報や人事、システムを組むプログラマ、設計図を見る営繕、世界を股にかける国際業務、財務省·内閣府等の他官庁出向、大学教員。これらを目指すには選抜があり、「○○は**同期の第一選抜**だ」「○○は**仕事ができない**」等の**レピュテーションが付いてまわる**こととなります。但し、第一選抜でも**給料はほぼ同額で、割り切ればワークライフバランス派も安心**ではあります。**産休・育休も完備**ですしね。

最後に「人々からのバッシング」について、**公務員は常に批判**に晒されます。三権分立の一つである「行政」は非常に力が強く、ほぼ全ての民間企業は所管官庁の意向に沿わざるを得ず、警察は人々を逮捕でき、国税局はお金をむしり取る権限を有しています。そのような「強者」のため、「利益ではなく、**広く人々のために奉仕してくれてありがとう」ではなく、「特権階級の上級国民ども」という認識**を人々は持ちがちです。好景気時の安月給に同情はない一方、不況期に相対的高給は大きな批判を浴びる。哲学的用語でいう、「**ルサンチマン**」です。その**批判に耐え、人々のために微力を捧げる精神力**が大切になります。人々を守る、仮にその人々自身が公務員を批判し、ルールを守らなくても、折れない心が大事です。

■　公務員試験で留意すること

以上を読んでも「公務員になりたい！」とお感じの**熱い諸兄姉は**、まずは、本書 P.60 ～ P.61 にあるような「**判断推理・数的処理**」の問題を数問解くことをお勧めします。知識は一切必要ない一方、人によっては**大苦戦する「鬼門」**なので、仮に全く勉強せず半分位正解できるようであれば相当センスがあると思います。逆に、1問も解けない場合、数年スパンで気合入れて頑張る、という試金石になります。あとは、**過去問を中心に採用職種に応じて対策を立てる**のがセオリーです。資格同様、TAC 等のダブルスクールは、「スーパー過去問」等を図書館で借りてまずは独学で頑張り、行けそうな場合の再点火に使うと良いでしょう。なお、個人的には、**採用人数が多くコネ要素のない「国税専門官」「都庁」がお勧め**です！

第 14 章　経済論文の書き方（How to write a Economics papers）

－レポートって、そもそもどう書くか説明するね－

Cogito ergo sum（われ思う、ゆえにわれあり）

ルネ・デカルト（1637）『方法序説』の一節

第 14 章　経済論文の書き方　要約

・最初に定義を書く、たったこれだけで5点 UP!
・序論 / 本論 / 結論の「型」と「答案構成」が肝！
・卒論や修論は、良い先行研究の replicate から！

人が物事を考える時、一般的には2つの方法論があります。演繹法と帰納法。**演繹法とは、一般的・普遍的な前提から、より個別的・特殊的な結論を得る論理的推論**の方法です。一方、**帰納法とは、演繹法と真逆、個別的・特殊的な事例から一般的・普遍的な規則・法則を見出そうとする論理的推論**の方法です。F・ベーコンが唱えた**この帰納法は、実は現在の統計学**にもつながる考え方です。先入観や偏見といった「イドラ」を捨て、1つ1つのエビデンスを積み重ねて法則を見つけるという姿勢は、**学問の王道**といえます。Maker たる学者なら。

User としての学生目線ではどうでしょう？先人達が見つけた法則の検証には先人と同じ労力が必要となります。一方「専門家が言うなら間違いなし！」と**信じれば、その法則から自動的に、迅速に、的確に結論を導き出すことが可能**です。直面する場面で、どの Maker の法則が有効か正しく見抜く「判断力」さえあれば、自分で思いつく必要なんて無いのです。

「①人はいつか死ぬ。②ソクラテスは人である。③∴ソクラテスは死すべきものである。」、アリストテレスが整理したこの「三段論法」のように、確実な①・②という前提から当然に③を導き出す、これが**「合理論」で有名なデカルトが提唱する演繹法**です。仮にソクラテスが人間ではなく吸血鬼となっていたとするなら、②に該当しないので、③のように死ぬとは限りません。つまり、一見、人のような外見でも②に該当するかどうかの**吟味は必要なので、考えることを一切放棄している訳ではない**のです。疑い得ない確実なことに到達するため、あらゆるものを疑い確認する。そう**考える自分自身の存在は 100% 確実に存在しているため、「われ思う、ゆえにわれあり（Cogito ergo sum）」**、なのです。

■　最初に定義を書く、たったこれだけで5点 UP!

よって、忙しい**学生が「試験」とかいうつまらない作業を効率的に乗り切るには「攻略法」をマスターすることが合理的**です。入学試験、就職試験、資格試験、全ての試験は、能力を適切かつ公平にジャッジできるものではなく、また採点者にも時間的制約があるため、どこが採点ポイントかを見極め、そこから当然導き出されることを逆算し、自分が一手目に何をすべきかの戦略を立てる**演繹的な方法が効果的**です。

デカルト『方法序説』にあるとおり、明証的に真であること以外は疑い、物事をできるだけ小さく分け、最も単純なものから始め複雑なものに達し、見落としが無いか全体を見直す。この方法論は、経済論文やレポートを書く際にも応用可能です。**まずは、明証的に真である「定義」を書く**。ここが出発点であり、**正確に出発点に立てた時点で、高確率で 100 点満点中の5点はゲット確実**です。採点者も「あぁ、この人はワカッテいるな」という印象となり、その後の採点も甘くなりがちです。先走って自分の主張を書きがちですが、冷静に定義を！

■ 序論／本論／結論の「型」と「答案構成」が肝！

2万字の卒業論文でも、3,000字のレポートでも、800字の期末試験論述問題でも、実は**やるべきことは一つ。それは「序論／本論／結論の「型」に基づき答案構成を行う」**、これで評価の80%以上が決まってしまいます。設計図を作らず建築をすると、どうなりますか？恐らく、柱の太さはバラバラ、ツギハギのような外観となり、バランスを欠いた増築物件のようになることでしょう。文章も同じ。ある段落だけ異様に長い、最初と最後で意見や言葉遣いさえ変わってしまう。このような支離滅裂さを避けるには、時間をかけてでも答案構成を行うことです。例えば期末試験の論述問題で、**解答時間が20分なら、少なくとも10分、或いは15分を答案構成に使うべき**です。そして、設計図に従い、同じ文体で一気に書く。これが文章に統一性と勢いを吹き込み、読み手にとっても疾走感のあるものとなるのです。

答案構成のセオリーは「序論･本論･結論」です。「起承転結」でも良いですが、「転」を正しく表現するのは高度な文章力が必要なため、試験では起（序論）･承（本論）･結（結論）の3つの方が無難です。800字前後でいえば、**まず序論は200字程度**です。論じる目的、定義、世間の動向、自説の反対意見等を記載します。**次に本論は450字程度**です。自説の論拠を**上位3つ絞り、それぞれ150字程度で書くと効果的**です。iPhoneを発明したスティーブ・ジョブズもプレゼンで多用する「three point theory」は、聴き手や読み手も「大事な点は3点あるのか」と安心して話に入ることができるため、非常に効果が高いと言われています。**最後に結論は50字程度**です。「以上から、〜と私は解する。」と自説を端的に再掲し、立場を明確にすることで、キレのある読後感を狙います。

ここまで合計700字、**残りの100字はバッファー（調整用）**です。一般に「〜文字程度」という設問の場合、**指定文字数の±20%以内であれば減点の可能性は低い**ので、書くことが特段無ければ、800文字指定で700字であれば、指定文字数の87.5%なので十分といえます。

卒業論文やレポートの場合、この**800字程度の文章をベースに肉付け**を行います。序論であれば**先行研究や国際的潮流**等への言及、本論であれば**エビデンスや図表**の追加、結論であれば、**自説で捨象した議論や今後の課題**の考察、等が考えられます。具体的な文章例と肉付けの方法は、本章の問題演習ページに掲載してありますので、必要に応じご参照ください。

■ 卒論や修論は、良い先行研究のreplicateから！

卒業論文や修士論文でじっくり悩み、納得行くテーマを深掘りする作業は、大きな成長に繋がります。ただ、自由度が高いだけに何をして良いか分からず途方に暮れ、**〆切間際でも1文字も書けず卒業大ピンチ**、これ、あるあるです。そんな場合は「**良い先行研究を見つけ、その再現（replicate）**」が効率的です。例えば先行研究が1990〜2000年アメリカのデータで分析していた場合。その分析を再現し、同じ手法で2000〜2020年のデータで分析、又は日本のデータで分析し、先行研究と結果を比較するだけでも、立派な研究といえます。研究とは、脳内にピコンと電球が灯るような天才的で派手なものよりも、数ある先人達の知恵を1歩だけ進める地道なものが大半ですからね。但し、**指導教官とはよく相談**しましょう！

第14章　経済論文の書き方　問題演習

800字程度の記述試験問題又は論文の骨子の書き方を2つご紹介します。

> **<著者作成>**
> 消費税の軽減税率について、考えを述べてください。

■　解説

1　問題確認と方向性の見定め（5分）

それなりに文字数がある論述問題のセオリーは、賛否以前に、論じる前提としてその内容を理解していることを示すことが何より重要！（**「問題設定」や「定義」を書きます**）

2　800字程度で作成するプロット（全体の構成）熟慮（10分）

問題設定と定義を100字程度、自分と反対の意見を100字程度書きバランスを取り、自分の意見を150字×3= 450字程度で書き、余力があれば最後に締めの一文を入れます。

今回は「軽減税率反対派」の立場で書いてみます。ネット等を参考に、反論する賛成意見①知る権利（新聞）が対象、②国際的に常識、③低所得者対策、を確認。最初と最後が印象に残りやすいので、誰しもが考える「対象品目が微妙」を最初に、賛成派の主な論拠である「低所得者対策に必須」を最後に据えます。この**答案構成で、文章の8割は決します！**

3　基本的に「3点でまとめる」という手法を用い反論（5分）

①は新聞8%とネット10%の一貫性のなさを書き、ついでに癒着の温床である点も言及。②は国際的にも厳しい批判がある点を記述。③は低所得者も（1）混乱する、（2）高い食料品を購入できる富裕層の方が結果的に恩恵を受けられる、（3）軽減税率を導入すると他の税率を高くしなければ社会保障財源が不足してしまう、の3点で反論を試みます。

■　以上を踏まえた解答例

本稿では、日本において2019年10月の消費増税に伴い導入された消費税の軽減税率について論じる。ここで、軽減税率とは、標準税率を10%とする一方、主に低所得者に配慮し飲食料品及び新聞を8%に据え置いたことをさす。

軽減税率は、新聞の世論調査でも過半数が賛成であり、実際に諸外国でも導入されている。低所得者の負担増を緩和する政策の必要性自体は、論を待たない。しかしながら、今回の軽減税率に関しては、以下3点の理由により、私は反対の立場をとる。

まずに、対象品目の線引きが難しい点である。例えば新聞の軽減税率は、同じく「知る権利」を担保するネット接続料との衡平性が保たれていない。そもそも、新聞の軽減税率の是非を新聞社の調査すること自体、信憑性に疑義があると指摘せざるを得ない。線引きの曖昧さは、特定業界との癒着の温床になり、社会全体にとって望ましくないと解する。

次に、軽減税率を導入している諸外国でも様々な問題点が指摘されている点である。例えばカナダでは、ドーナツ購入数が5個以下だと外食となる一方、6個以上購入すると軽減税率適用となる点に批判がある。実際、「マーリーズレビュー」では、軽減税率の所得再分配効果を疑問視し、単一税制のニュージーランドを評価している。

最後に、軽減税率は大きな混乱を生むことである。消費者にとっては購入時に戸惑いが、事業者にとってはインボイス導入も含め多大な事務負担が発生する。また、贈答用の高級食品も軽減対象である等、高所得者ほど軽減税率の恩恵にあずかり政策効果が薄く、逆に、税収減補てんのため標準税率をより高くする必要もある。

以上から、今回の軽減税率は、利点よりも問題点が多いと私は解する。（701文字）

<著者作成>
福祉の中央集権と地方分権について、賛否を述べてください。

■ 解説

1 問題確認と方向性の見定め（5分）

セオリーは、軽減税率と同様、「問題設定」や「定義」を書きます。

2 800 字程度で作成するプロット（全体の構成）熟慮（10 分）

問題設定と定義を100 字程度、縦と横の潮流を200 字程度書いて知識量をアピールしたうえで、自分の意見を150 字×3= 450 字程度で書き、余力があれば最後に締めの一文を入れることとする。自分の意見の部分は、一般論と具体例の両方を書きます。

今回は「中央集権賛成派」の立場で書いてみる。ネット等を参考に、賛成派意見①地域の特性を生かす、②国際的な潮流、③人々のつながり、を確認。

3 序論・本論・結論で構成（5分）

（1）序論（起承転結の「起」）:まずは問題設定と定義。分権型福祉へ移行しているスウェーデン等を例示して国際潮流に触れ、日本の動向と世論の推移も言及。

（2）本論（起承転結の「承」）:①日本の文化特性（均質性選好）、②憲法 25 条（国の責務）、③政・財・官の癒着（地方分権の暗部）を論理的にまとめます。

（3）結論（起承転結の「結」）:今回は文字数の関係でサラっとに留めます。

（4）補足:文字数があれば、「転」として、同じく憲法で定める「教育」の動向の紹介も効果的。また、国の方が天下り等のガバナンスが強力である点等、本論の補足を書くのも良いと思いますが、本論の①～③の**文字バランスに留意しましょう！**

■ 以上を踏まえた解答例

本稿では、日本において福祉の中央集権と地方分権のどちらが望ましいかについて論じる。ここで、中央集権とは、福祉に関する決定権と財源が内閣や中央省庁にあることをさし、一方、地方分権とは、福祉に関する決定権と財源が基礎的自治体である市町村にあることをさす。

諸外国を見ると、「砂時計モデル」と称され中央集権的なスウェーデンが分権型福祉社会を進め、模範的となっている。すなわち、分権が国際的な潮流といえる。日本においても、いわゆる1951 年体制では中央集権的であったものの、1973 年の福祉元年を経て、80 年代以降は分権化の方向に舵を切っている。具体的には、平成の市町村合併や三位一体の改革等が進められてきた。しかしながら、以下3点の理由により、私は日本においては中央集権の方が妥当であると解する。

第一に、日本の文化特性の観点である。Hofstede の6次元モデルで示されているとおり、日本は集団主義的な思考とされる。「一億総中流」の意識があるため、均質的なサービスを好む傾向がある。よって、国際的潮流に必ずしも迎合せず、日本という「地域特性」を重んじるべきである。

第二に、福祉とは憲法 25 条により国にその責務が存在する点である。国が直接行う場合でも、出先機関を設置することで地域制を考慮することは可能である。例えば税務署は、地域の産業特性に応じた税務調査を行っている。憲法に定める以上の保障は、原則として市場原理に委ねるべきであるとする「小さな政府」論に立脚すれば、地方政府が行う必然性は乏しい。

第三に、分権化は政・財・官の癒着の温床になる点である。リベラル色の強い朝日新聞でも、地方公務員の社会福祉法人への天下りを問題視する報道がある。地域特性を金科玉条とし、特定企業に補助金や税の減免等の特権を付与する代わりに天下りをする、特定政党の議員が生活保護の口利きをする等は、あってはならない。また、仮に公正でも、例えば都市部の老人等、その地域の中でのマイノリティが不利益を被ることが考えられる。

以上から、早急な地方分権化推進は問題点が多いため、中央集権化の方が望ましいと解する。（869 字）

【就活コラム　essence 14】本選考の留意点と役員面接

さて、いよいよ今まで培った全ての要素をぶつける「**本選考**」です！ 2018 年9月に、経団連が「2022 年春入社の学生から現在の就職活動指針（就活ルール）は取りやめる」と発表し、また、コロナ禍で 2021 年春入社の採用も大きく変わったため、あくまで参考です。

～12 月	**自己分析、業界研究**、SPI、インターン等+**外資就活**	3年生の 12 月までは、**基本的には準備期間**。TOEIC もスコアが出るまでの時間を考慮し、年内にカタをつける。但し**外資系企業は採用が早い**ので、要注意！
1月	大学の**期末試験に全集中！**（+合同説明会等も顔出し）	今後の就活専念のため、ここで**卒業単位を確実に取得し、後方の憂いを断つ**。合同説明会等もあれば、顔を出す（特にスタンプラリー系の企業は必須!）。
2月	**ES 準備** 説明会参加	ES は、**50 社程度エントリーもザラ**。幅広い業種に出すために、時間かけ吟味が必要。本命5社、そこそこ 15 社、ほぼコピペ 30 社等、メリハリが重要。
3月	**ES 提出** WEB テスト受験、説明会参加	就活の第一のピーク。説明会の参加はもちろん、ES や WEB テストの締切がほぼ毎日ある状態。目が回る。手帳やスマホ等で**予定管理はしっかり！**
4月	「面談」の開始 （リクルーター面接も含む）	4月に入ると「面談」と称した、喫茶店等で**若手社員と1時間程度会話**する予定が入ることもある。内容は雑談的。**回数が多ければ良いもの、でもない**。
5月	「**面接**」の開始	いよいよ人事担当との「面接」が始まる。**就活の第二のピーク**。超絶忙しく、友人がほぼ内々定を手に入れる中のお祈りメール等で、**心身共に苦しい時期**。
6月	**公式に**就活が本格化 （早い方は**6月1日に握手**）	3～4回の面談・面接を経て**順調なら、6月1日に握手（内々定）**となる。6月1日に予定が入らなくても、6月中旬内々定も多いので焦る必要はない。
7月～	内定が無い場合は夏・秋 **二次募集以降に賭ける**	7月でも内定が無い場合は、夏・秋採用等に切り替え、**対策を立て直す**。東証一部上場の有名・優良企業でも募集はあるので、**絶対に諦めないこと！**

本採用では、**本当に多くの会社からお祈りメール（不採用通知）**が来ます。**ES 書類落ちもザラ**です。中には「自分の努力や能力は低い」「自分は世の中に必要とされていないんだ」と落ち込んでしまう就活生も多いです。特に日本人的感覚では、不採用通知は人格まで否定された気分になるのも理解できます。ですが、多くの就活生を傍で応援してきて言えるのは、**就活は「縁」の要素が非常に強い**ことです。ほんの少しのことで、就活は落ちてしまいます。例えばインターンした部署を間違えて言ってしまう。ありがちですよね。国際業務配属希望の中で面接官が資産運用畑の場合に、資産運用の話にあまり興味を示せない。当然ですよね。でも、これが「失礼」と捉えられ、**聡明・美人・社交性の三拍子揃った世界最強レベルの神な就活生でも普通に落とされる**のです（その就活生は、他企業では絶賛の嵐にて内定連発）。

だからといって、地雷を恐れビクビクしていては、良いところを全く出せず惨敗あるのみです。**自信を持って、ダメなら「縁」が無かった**、と割り切って戦い抜くしかないのです。

■　役員面接

長き戦いの日々にピリオドを打つための就活最後の砦、**役員面接**。ここまで来て落ちると、さすがに精神崩壊レベルのダメージを負いますが、役員面接の突破率は 50% 程度と言われ、**気を抜くと普通に落とされます。ポイントは「熱意」「信用」「リスペクト」**です。「熱意」が一番です。他社はここが悪いから御社を志望、ではなく「**目の前のあなたしか見えません**」レベルの熱視線が必要です。「信用」は、今までの面接と話が違う等はもちろん、「**不採用の場合はどうしますか？**」に「留年してでも御社に！」等は、信頼を得にくいかもしれません。興味ないそぶりや圧迫面接対策は重要です。そして、**役員の経歴に「リスペクト」を込めた逆質問**。全力を出し切れば、その先にはきっと**内定の「握手」が待っている、はず!!**

終章　恋愛経済学
(Love economics)

―就活と恋愛の関連性についての考察―

J'avais vingt ans. Je ne laisserai personne dire que c'est le plus belle âge de la vie.

（ぼくは二十歳だった。それが人生で一番美しい年齢だなどと誰にも言わせまい。）

ポール・ニザン（1931）『アデン・アラビア』冒頭の一節

終章　恋愛経済学　要約

・女性と男性には生物学的・進化論的差異がある！
・差異や特性を踏まえ「尊重」することが大事！
・就活とお仕事と恋愛は、実はとっても似ている！

「その子二十　櫛にながるる黒髪の　おごりの春の　うつくしきかな」。与謝野晶子氏が1901年、当時二十二歳の頃に発表した一作目歌集『みだれ髪』に収録されている短歌です。当時、女性が公の場で髪を櫛でとく行為ははばかられ、女性は慎ましくお淑やかであるべきという風潮がありました。そのような古臭い道徳におもねること無く、流麗な黒髪を誇り、人生の春を謳歌する爽やか姿は「女性の解放」を意味していると解釈されます。経済学的に注目する点は、そこではありません。「二十歳」である点です。**二十歳は、女性も男性も、気力・体力とも溢れ、夢に向かい眼を輝かせキラキラした時期**と思われています。

一方、印象的な書き出しで有名な『アデン・アラビア』の冒頭「ぼくは二十歳だった〜」。**二十歳の眼前にあるのは、漠然とした未来への不安**。子どもではないが、大人とも言い切れない不安な時期。生活･恋愛･自己表現等、**理想と現実の落差に直面して、葛藤し、もがく「疾風怒濤の世代」**です。現代におけるそれは、**「就活」**といってもよいでしょう。

現代的には別の解釈も可能かもしれません。特に日本社会は「若さ」に価値を見出します。その「若さ」の需要に応じれば、楽してお金を儲けることも可能かもしれません。しかし、それは当然、長続きしません。**若さが衰えたのちの路線変更は、大変な苦労**を伴い、かつ、生活水準の低下は、一般に幸福の低下も招いてしまいます。経済学的**「一手目」で考えれば、若くて美しい時期は、それを活かすべきです。しかし経済学的「二手目」まで考えるなら、何十年先も安心して生活ができる基盤を作る、つまり「就活に全集中」すべき**と解します。利那的な快楽を追うことより、安定と堅実さ。本書では、それが一番大事と考えます。

幼き日々は、可能性に満ちた果てしない未来しかありません。誰もが子どもの未来を応援してくれます。しかし、二十歳の眼前にあるのは、ある種、先の知れた未来。それでもなお、**希望を捨てず、立ち向かう勇気。それが「美しき二十歳」**なのでしょう。

■　女性と男性には生物学的・進化論的差異がある！

カナダの名門「ブリティッシュコロンビア大学」では「○○○○と恋愛の経済学」という超人気講義があります（伏字部分は、巻末の参考文献をご参照ください ^^;）。**二十歳前後の青春期は、洋の東西を問わず、恋にも興味あるもの**です。本書は日本風に、恋愛部分のみ経済学的視座で解説します。前提として重要なのは、**女性と男性は「同じ」ではない**ということです。例えば生物学的に、女性は男性より脳梁が太いという特徴があります。そのため、右脳・左脳をバランス良く使用でき、失語症が少ない、語学が得意等の傾向がみられます。一方で男性は、脳梁が相対的に細いため、数学や論理的思考能力に優れているという指摘があります。この**生命としてのデザインの相違は、進化論的に説明される**場合もあります。

■ 差異や特性を踏まえ「尊重」することが大事！

外見、言語、文化を問わず、**地球上の全人類にいえる事実。それは「女性の方が長生き」**です。この要因として、男性が遠出をして狩猟、女性が近場で採集や子育てという**原始時代の役割分担**を指摘する分析もあります。つまり、女性は飢え対策としての脂肪を蓄える機能が発達したこと、狩猟に必須な筋肉が必要なく人体に害がある活性酸素摂取も少ないこと、獲物を狙う「攻撃脳」は1.5倍老化を促進させること、等の進化論的な科学分析です。また、**女性は**洞穴周辺で暮らす時間が長かったため「**エリア探知能力**」が発達しエリア内の配置や些細な変化に敏感な一方で行動力が乏しい傾向、**男性は**狩猟生活により「**方角認知能力**」が発達し方向音痴は少ない一方で整理整頓が苦手になる傾向がある、という分析もあります。諸兄姉も、自分自身ないし周囲を見渡すと、思い当たるフシはありませんか??

より**ビジネスに直結する男女の差異や特性として「子孫の残し方」**があります。現時点で女性の出産ギネス記録は27回で69人（!）のワシリエフ氏ですが、一般的には数名です。一方、妊娠期間の無い男性は理論的には無限大、競走馬のディープインパクトは13年間で何と2,804回種付けし、1,814頭もの仔を誕生させました。この相違により、女性は相手を選び抜く「上位婚」の傾向があり、男性は多彩な相手と子孫を残し環境の変化に対応する「複数パートナー作り」の傾向があります。端的にいえば**女性は「男性の8割はNG」**、逆に**男性は「女性の8割はOK」**となるのです。この特性がストレートに出てしまうと、女性は下心のない異性にまで過剰な嫌悪感をぶつけてしまい、男性は**適切でない相手・状況で性欲を露わ**にしてしまうという危険性があるのです!! そこで重要なのが、人間が備える高い「**理性**」です。人間は**意識さえすれば、食欲・性欲・睡眠欲・排泄欲等はコントロール可能**です。「人間はみな同じ」等のキレイ事で思考停止するのではなく、**性差を認識したうえで相互に「尊重」し、特性に応じた距離感**を心掛けることが、円満な関係を築く鍵でしょう。

販売戦略でも、女性は継続的でさりげないアプローチに惹かれやすく、一方男性は初回のインパクトが強いアプローチに燃え上がりやすい特性があることを踏まえ、ターゲット層によって商品や広告手法を調整した方がより効果的といえます。勿論、これら**性差に優劣はなく、また全体的な傾向であって環境・文化にも左右される**ことを、念のため付言します。

■ 就活とお仕事と恋愛は、実はとっても似ている！

本書が「恋愛経済学」を終章としたのは、**就活とお仕事と恋愛は、実はとっても似ている**ということを感じて頂きたかったからです。本書は一貫して「就活」に結びつけて経済学を説明してまいりましたが、**「恋愛」に置き換えてもほぼ同様**のことがいえます。ぜひ再度、そのような視点で本書を読み返してみてください。

就活とお仕事と恋愛が相似する理由は、「**人間が相手の社会科学**」だからです。例えば、食事は自然科学的には栄養素・吸収率・味覚等を総合勘案した「最適解」を導けるでしょう。しかし、社会科学的には、毎日同じ食べ物は飽きますよね（限界効用逓減の法則）。相手の**ニーズを洞察することが肝の経済学は、人が人である限り、その有用性は不滅**なのです！

終章　恋愛経済学　問題演習

いよいよ終章。まずは**恋愛にも通ずる、ゲーム理論**の問題を紹介します！

<著者作成>

0～100までの整数のから、1つ選んでください。この講義の履修者各位が選んだ数字の平均値に2/3を乗じた数に一番近い数字を選んだ者が、勝者となります。
（例）履修者が5人で「99・7・63・0・31」を選んでいた場合
平均値は200÷5=40、平均の2/3は26.666、∴一番近い「31」を選んだ者が勝者

■ 解説

この問題は、**ゲーム理論の導入時や「ケインジアン美人コンテスト」を説明する際**によく用いられます。基本的な考え方は、以下のとおりです。

① 全員が100を選択した場合、それに2/3を乗じると66.667。それに一番近い整数は「67」。よって、**68以上は、この問題の定義上、正解であり得ない**。
② 0から100まで満遍なく選んだ場合、平均は約50、それに2/3を乗じると33.333。
③ 仮に学生全員が②の考え方をした場合、それに2/3を乗じると22.222。
④ この考え方を**繰り返していくと、唯一の正解は「0」**となる。
⑤ 学生のうち何人かが「何となく」や「ラッキーナンバー」で選択した場合、正解の0に辿り着けないため、**どれだけ「理解できない人がいるか」を予測**する必要がある!!

P.43のモンティ・ホール問題同様「**論理的には正解があるのに、それを選ぶと変人扱い**」という悲しい問題です。小職はこの問題の初見時「0以外あり得るの?!」と思いましたし、世の中に理解されないと分かりながら「0」を選ぶ方は、大好きです！

なお、Wikipediaにあるデンマークで19,196名が参加した例では21.6 = **22が「正解」**。

■ 以上を踏まえた解答例

選んだ数字：「21」

「Guess 2/3 of the average」とは、ミクロ経済学の中の「ゲーム理論」で戦略的状況を説明するための思考実験である。まず、仮に全員が最大値の「100」を選択したとすると、その平均の2/3は66.667である。それに一番近い整数は「67」であるため、68以上は定義上、正解であり得ない。しかし、仮に定義上の最大値である「67」を全員が選択した場合、その平均の2/3は44.667となる。これを繰り返すと、最終的には「0」に帰着する。すなわち、理論的かつ唯一の正解は「0」なのである。しかし、ルールを理解していない者が1人でもいた場合、0以上となる可能性が高まり、ルールを理解していない者の人数が増えれば増えるほど、より大きな数字が正解となる。つまり「相手が何手目まで予測できるか」を推測することが、この問題の本質といえる。

ここで、経営学における「パレートの法則」を準用する。パレートの法則とは、20%の要素が全体の80%を生み出しているという法則である。すなわち、全体の80%が「平均して1手目までで思考を終える者」、20%が「平均して2手目まで考えられる者」と仮定する。但し、ここでの「1手目」は、「ランダムの平均50×2/3= 33.333」の更に1手先「33.333×2/3= 22.222」まで推測すると仮定する。つまり、80%の学生は22.222と回答し、残り20%の学生はそこからもう1手先の22.222×2/3= 14.815と回答すると仮定する。両者を加重平均すると「20.741」となるため、それに最も近い整数である「21」と予想する。

但し、誕生日やラッキー7、ないし理論的な正解の「0」を選ぶ者も想定すれば、更に下振れするといえよう。よって、現実的には「19」±5（14～24）の範囲内にあると考える。（666字）

ラストは、第2章ミクロ経済学（P.15）で若干ネタフリした**情報の非対称性**の問題！

<著者作成>

化学物質「DHMO; ジヒドロゲンモノオキシド」は、法規制すべきでしょうか？

＜規制不要派の見解トップ 10 ＞	＜規制賛成派の見解トップ 10 ＞
① DHMO は、原子力発電所で必須 （なので、原発は DHMO が豊富な場所に設置） ②各国の近代的な軍施設には大量の備蓄 ③重化学コンビナート等の工業地帯で大量利用 ④農薬の生成・散布に不可欠 ⑤安価のため、ジャンクフードにも利用可 ⑥毎日ニュースで監視していれば良い ⑦高濃度の DHMO に体を浸すと快楽を得る ⑧今更規制は難しい ⑨政府やマスコミは「生命の源」と喧伝 ⑩中村哲医師が途上国支援で医薬品より重要視	①毎年無数の人々を死に至らしめる （死因の主に液体状の DHMO 吸引） ②固形 DHMO に接触すると身体組織が激しく損傷も ③気体の DHMO に晒されると重篤なやけどの危険性 ④酸性雨の主成分 ⑤末期癌患者から採取した癌細胞に大量蓄積 ⑥北欧の地表侵蝕を促しているとの報告あり ⑦七色の幻覚を生み出す ⑧台風等の災害を更に甚大化させる恐れがある ⑨金属を腐食させる原因となる ⑩犯罪者の 99.9% は犯行の 24 時間以内に摂取

■ 解説

DHMO を科学式で見れば、ジ（2、パラジクロロベンゼンのジ）、ヒドロゲン（hydrogen =水素）、モノ（1、モノトーンのモノ）、オキシド（oxygen =酸素）、つまり**「水」です !!**

水という認識で、上記の見解を見直しましょう。不要派の①冷却水（浜辺）、②備蓄水、③触媒や冷却、④農薬散布、⑤水分、⑥天気予報、⑦お風呂、⑧規制困難、⑨万物の根源、⑩水路。規制派では①水死、②凍傷、③蒸気火傷、④雨、⑤細胞の水分、⑥フィヨルド、⑦虹、⑧暴風雨、⑨サビ、⑩犯罪者以外も誰でも必要。そう、**ウソは1つもなく、全て fact!**

⑩の犯罪者の 99.9% のくだり等で「ん？これは変だぞ？」と気付くアンテナが大事ですね。

これは 1997 年にアメリカの中学生ネイサン・ゾナー氏が「**人間はいかに騙されやすいか？**」という調査に用いたことがきっかけで、世界中に広まったとされています。**非日常的な科学用語で解説し、両論併記のふりをした否定的かつ感情的な言葉で説明**を加えた後に法規制すべきか 50 人に質問したところ、DHMO が水であることを**見抜いたのは、たった1人だけ！**

諸兄姉も、「印象操作」や「チェリーピッキング」に騙されないように !!!!!!

■ 以上を踏まえた解答例

本出題は、情報の非対称性がある中で、与えられた情報のみから「DHMO」という未知の化学物質の法規制の是非を問う問題である。ここで、法規制の是非とは、法規制しないこと、法規制して流通させないこと及び法規制のうえ管理流通させることの3点種類がある。

結論から述べると、DHMO は法規制すべきではないと考える。理由は以下3点ある。まず、与えられた情報は負の側面のみに偏っている点である。これは、明らかに誘導しようとする「チェリーピッキング」の意図が透けてみえる。次に、既に広く浸透している点である。民主主義国家において落選リスクを承知で政府が「生命の源」と太鼓判を押すのであれば、一定の安全性があると推察できる。最後に「犯罪者の 99.9% が摂取している」という言い回しである。生命の源であるなら、犯罪をしていない者も 99.9% 摂取していると解される。このような因果関係を無視した「感情に 訴える論証」に頼らざるを得ないことは、逆にいえば、論理的な批判ができない証左といえよう。

但し「DHMO」は、ジヒドロゲンモノオキシド、つまり「水」と推察される。水と考えた時、問題文にある賛成派・反対派の指摘は全て該当する。DHMO が水である前提で述べるなら、法規制は必ず行うべきである。「ライバル」の語源はリバーであるように、太古より、水の確保は争いの種ともなっている。だからこそ、電気、ガス、通信、交通等の数あるインフラが民営化する中、水道は唯一、政府管理を維持している。外国資本が水源地を購入する動きを規制するのも同様の理由と推察される。水はまさに「生命の源」であるからこそ、国民の生命・財産を守るべき政府が法規制をしてしっかり管理すべきと考える。（695 字）

【就活コラム　final essence】内定後の過ごし方

花の呼吸　終ノ型「彼岸朱眼」。鬼滅の刃のネタバレにならないよう詳細は伏せますが、栗花落カナヲはこの呼吸で恩人・胡蝶しのぶの想いを果たし、主人公・炭治郎を救いました。表面でニコニコ微笑をたたえるが内実は感情が乏しく自分で決められない美形のカナヲが、眼を血走らせ、失明を厭わない覚悟を示す姿は、物語後半のハイライトといえます。

就活コラム final essence は、全てが終わった後のカナヲのように、**感情を取り戻して欲しい**と考えて執筆することにしました。ここまで本書は、経済学的な需要と供給の考え方の紹介に終始し、諸兄姉の中には打算的過ぎて辟易している方もいらっしゃるかもしれません。また、ご納得くださった諸兄姉も、就活を戦い抜く中で、人間性を失ってしまうかもしれません。お祈りメールの連発に目を充血させ泣いた夜。それでも、**次の面接で感情を押し殺し無意味にニコニコ微笑をたたえて頑張るしかない。でも、もうその必要はありません**。内定を取ったら、嬉し涙で眼を充血させ、**思う存分、心を解放させましょう!!**

■　内定後の過ごし方

厳密には**6月の「握手」は内々定、一般に 10 月1日の内定式を以て「内定」**となります。どちらにせよ、6月に内々定した場合、新生活に夢を膨らませて先取りして知識を覚えよう、資格を取ろうと意気込む方もいらっしゃるかもしれません。それも良いと思います。

ただ、小職が尋ねられた際に推奨する内定後の過ごし方は、ただ一つ、

「残りの学生時代を目一杯楽しむ」。

これ以外考えられません。もちろん、内定企業から課題が出る場合もあり、簿記・宅建等の資格取得を指示されることもあるので、その場合は真摯に対応すべきです。その部分だけ。

社会人になってつらい時、**心を支えるのは、学生時代を目一杯楽しんだ想い出**です。友達と旅行、一人でゲームに没頭、サークル活動、海外ボランティア、美術館巡り、そして恋愛。何でも良いです。ぜひ今、**就職が成功した後の、それぞれの夢の日々を思い描いてみて**ください。夢の日々を想像することは、**内定まで頑張り抜こうという活力源**にもなります。

■　さいごに

色々と述べてきましたが、一言でいえば、**「二手先を読んで逆張り」が経済学的視点**です。女性が多い看護職で男性が重宝されるように、男性が多い IT 系で女性が注目されるように、結局は「需要と供給」なのです。自分と似たタイプが少なければ、みんな頼ってくれて無双。

但し**本書は単なる一意見**です。また執筆時点で、かつ一般論としてベターだと考えられる意見であり、時代の変化に応じ、また諸兄姉の個性に応じて、戦略は全く変わる場合もあり得ます。諸兄姉が「確かに!」と思うことは取り入れ、「微妙かも。。」と思うことはスルーして、適宜お役立てください。全ては自由。**それも含めて、就活は「縁」**ですからね。

各章の推薦書1冊

第1章	一橋大学経済学部（2013）『教養としての経済学　生き抜く力を培うために』，有斐閣. →　一橋大学の経済学系教授が一章ずつ執筆したベスト盤のような本。 大学レベルの経済学というのはこういうことだという要素が凝縮されています!
第2章	神取道宏（2014）『ミクロ経済学の力』，日本評論社. →　大学院入試の定番は長らく「武隈ミクロ」でしたが、一気に定番に躍り出た名著。 大学生だけでなく、ビジネスマンにも人気で、かなり売れています!羨ましい!!
第3章	N・グレゴリー・マンキュー（2017）『マクロ経済学I入門篇（第4版）』，東洋経済新報社. →　伝統的な大学院入試の定番は「中谷マクロ」ですが、マンキューも定評があります。 マクロ経済学は比較的、時代変化を受けるので、最新の版の教科書を手に取りましょう!
第4章	藪友良（2012）『入門　実践する統計学』，東洋経済新報社. →　大学院を見据えた定番は「山本エコノメ」ですが、難しすぎるので、統計の基礎から。 コラムが凄く面白いです!（e.g. 相撲で不自然に8勝7敗は多いことを統計データで示す）
第5章	井堀利宏（2013）『財政学　第4版(新経済学ライブラリ7)』，新世社. →　公務員試験の定番「井堀ザイセイ」。『大学4年間の経済学が10年間でざっと学べる』の 著者でもあり、財務省の財政制度等審議会の委員等もされている大御所ですので、安心!
第6章	税大講本（毎年更新）『税法入門』，国税庁.　※国税庁WEBサイトにて無料でダウンロード可 →　租税論は財政学の一部で、租税法を含めた税全体では、参考文献に記した「金子本」 が定番です。ただ、毎年更新され、完成度の高い税大講本は活用しない手はありません!
第7章	磯部文雄・府川哲夫（2017）『概説　福祉行財政と福祉計画　改訂版』，ミネルヴァ書房刊. →　一般的には中央法規出版の『福祉士養成講座』シリーズがメジャーですが、この本も 様々な大学で教科書指定されている定番!但し、毎年変わる地財データ等は要更新。
第8章	林敏彦（2009）『経済政策(放送大学大学院教材)』，放送大学教育振興会. →　経済政策を真正面かつ網羅的・中立的に扱う本は数少ないですが、この本は比較的 安心して読むことができます!金融政策関係は、参考文献に示した吉野本がおススメ。
第9章	浅古泰史（2018）『ゲーム理論で考える政治学　フォーマルモデル入門』，有斐閣. →　ポリエコは公共経済学の一分野ですので、通常なら公共経済学の本を勧めるところ ですが、敢えてガチポリエコを挙げてみました!マル経は、『資本論』に尽きます。
第10章	中尾武彦（2020）『アジア経済はどう変わったか　アジア開発銀行総裁日記』，中央公論新社. →　成長著しいアジアの経済は、日々常識が変わるため、定番教科書はありません! ただ、他の章との並びもあるので、ADBの総裁が記した読みやすい本をチョイス。
第11章	TAC簿記検定講座（2020）『合格テキスト日商簿記3級Ver.11.0』，TAC出版. →　学術的に勉強するなら他に色々ありますが、会計は手を動かしてナンボです! 超定番のこの系列本なら、簿記3級はもちろん、独学で簿記2級も十分狙えます!!
第12章	高橋伸夫（2019）『大学4年間の経営学が10時間でざっと学べる』，角川文庫. →　経済学に軸足を置きながら、経営学のオイシイ所だけをつまみ喰いするに最適な本! この『大学4年間の○○学が10時間でざっと学べる』シリーズは、どれも秀逸!!
第13章	山根承子・黒川博文・佐々木周作・高阪勇毅（2019） 『今日から使える行動経済学：スッキリわかる!：人とお金を上手に動かす』，ナツメ社. →　公共経済学の定番は、参考文献に挙げたバカ売れの「ダン・アリエリー本」ですが、 この本は内容・読みやすさとも抜群、この15冊の中で一番の超絶おススメです!!
第14章	應和邦昭（2018）『新版　論文作成ガイド　社会科学を学ぶ学生のために』，東京農業大学出版会. →　文章は「習うより慣れよ」の要素が強く、小職もこのようなハウツー本は読んでません! ただ、他の章との並びもあるので、本書と同じ農大出版の本をチョイスしました。
終　章	マリナ・アドシェイド（2014）『セックスと恋愛の経済学』，東洋経済新報社. →　カナダで3本の指に入る大学の教員が、このような講義をできる自由さって素敵ですね。 内容は、想像よりずっと生々しいので、割愛させて頂きます。。。笑

参考文献及び URL

章	書名・論文名・記事内容
第1章	井堀利宏(2015)『大学4年間の経済学が 10 年間でざっと学べる』, KADOKAWA. 魯迅(2009)『故郷 / 阿 Q 正伝(光文社古典新訳文庫)』, 光文社. アダム=スミス (2000)『国富論(中公文庫プレミアム) I ~ III』, 中央公論新社. 樺沢紫苑(2018)『学びを結果に変えるアウトプット大全』, サンクチュアリ出版. 山口真由(2014)『東大首席弁護士が教える超速「7回読み」勉強法』, PHP 研究所. MCW の輪 (やるべきこと・やれること・やりたいこと):https://ccore.co.jp/3circles/ 「サザエさん」の年齢設定:https://www.fujitv.co.jp/sazaesan/character.html
第2章	Andreu Mas-Colell, Michael Dennis Whinston and Jerry R. Green(1995) ,"Microeconomic Theory",Oxford Univ Pr (Sd). ロバート・ギボンズ (2020)『経済学のためのゲーム理論入門』, 岩波書店. 武隈愼一(2016)『新版 ミクロ経済学 (新経済学ライブラリ 4)』, 新世社. 天谷研一(2011)『図解で学ぶゲーム理論入門』, 日本能率協会マネジメントセンター. 小田切宏之 (2010)『企業経済学』, 東洋経済新報社. ザッカーバーグ氏の T シャツ:https://search.yahoo.co.jp/amp/s/jp.wsj.com/amp/articles/t-1415615396%3Fusqp%3Dmq331AQQKAGYAdWMpYrSq4SoJLABIA%253D%253D ホリエモン vs 三木谷氏 球団再編の勝者は?:https://allabout.co.jp/gm/gc/291311/
第3章	David Romer (2018) ,"Advanced Macroeconomics 5th edition", McGraw-Hill College. 中谷巌 (2007)『入門マクロ経済学 第 5 版』, 日本評論社. THE BLUE HEARTS (1988)『TRAIN-TRAIN』11 曲目「青空(あおいそら)」 内閣府「国民経済計算(SNA、GDP 統計)」:https://www.esri.cao.go.jp/jp/sna/menu.html Lucas, Robert (1976) . "Econometric Policy Evaluation: A Critique".
第4章	Fumio Hayashi (2000) ,"Econometrics", Princeton Univ Pr. 高橋信・トレンドプロ (2004)『 マンガでわかる統計学』, オーム社. 高橋信・井上いろは・トレンドプロ (2005)『マンガでわかる統計学 回帰分析編』, オーム社. 田中隆一 (2015)『計量経済学の第一歩 実証分析のススメ』, 有斐閣ストゥディア. 山本拓 (1995)『計量経済学 (新経済学ライブラリ 12)』, 新世社. 浅野哲・中村二朗 (2009)『計量経済学 第2版』, 有斐閣. フロレンス・ナイチンゲール (2011)『看護覚え書―看護であること看護でないこと 改訳第 7 Edition』, 現代社. ナイチンゲールの生涯 (その1):https://ja.m.wikipedia.org/wiki/ フローレンス・ナイチンゲール ナイチンゲールの生涯 (その2):https://dic.pixiv.net/a/ フローレンス・ナイチンゲール 2019 年ノーベル経済学賞を MBA 的に解説――貧困問題に見る演繹的思考の限界とエビデンスの破壊力: https://globis.jp/article/7273
第5章	林正義・小川光・別所 俊一郎 (2010)『公共経済学』, 有斐閣アルマ. 高橋是清の生涯:http://earth-words.org/archives/15212 財務省「日本の財政関係資料」:https://www.mof.go.jp/budget/fiscal_condition/related_data/index.html 禁酒法とギャング列伝:https://www.i-ise.com/jp/column/kyuukonu/2017/1711/1711.html ウサイン・ボルトの "I" は、なぜ「オレ」と訳されるのか:https://www.nhk.or.jp/bunken/summary/research/report/2009_03/090305.pdf
第6章	金子宏 (2019)『租税法 第 23 版 (法律学講座双書)』, 弘文堂. wikipedia 累進課税 (アガサ・クリスティ):https://ja.m.wikipedia.org/wiki/ 累進課税 税金ってどんな考えで決められているの?そもそも公平って?:https://www.mof.go.jp/tax_policy/publication/brochure/zeisei2811/02.pdf
第7章	飯塚慶子 (2020)『社会福祉の合格教科書 2021』, テコム. 中央法規 (2020)『社会福祉士国家試験・精神保健福祉士国家試験 受験ワークブック 共通科目編 2021』, 中央法規出版. 糸賀一雄 (2011)『復刊 この子らを世の光に―近江学園二十年の願い』, NHK 出版. 「赤マル福祉」第 32 回 社会福祉士国家試験 科目別分析【共通】:https://fukushi.akamaru.jp/exam/ana_syakai/kyoutsuu.html AZU ブログ 社会福祉士国家試験解説:https://azu-blog.com/category/zikosyoukai/ 北岳山荘周辺情報 (登山者は平日には数人のみ):https://minami-alpskankou.jp/?p=1876
第8章	吉野直行・山上秀文 (2017)『金融経済 実際と理論 (第3版)』, 慶應義塾大学出版会. 土居丈朗 (2020)『平成の経済政策はどう決められたか:アベノミクスの源流をさぐる』, 中央公論新社. 村本孜 (2014)「"Cool heads but warm hearts." ―マーシャル研究序説:ケインズとの関連で―」, 社会イノベーション研究第9巻第2号.
第9章	バンドワゴン効果、アンダードッグ効果 カール・マルクス (1972)『資本論 (1) (国民文庫 (25))』, 大月書店. Hallsworth List Metcalfe and Vlaev (2017) "The behavioralist as tax collector: Using natural field experiments to enhance tax compliance." <論説コラム>「楽隊車」と「負け犬」、そして・・・自民党総裁選の得票結果から見えるもの:https://hicbc.com/tv/ronsetsu/article/?id=2438461C 山本翔子・結城雅樹(2019)「トロッコ問題への反応の文化差はどこから来るのか?関係流動性と評判期待の役割に関する国際比較研究」, 社会心理学研究 35 巻 2 号. 自律走行車は誰を犠牲にすればいいのか?「トロッコ問題」を巡る新しい課題:https://wired.jp/2019/01/02/moral-machine/ とみへ (2019) AI 自動運転のトロッコ問題に物申す!:https://note.com/tomihe/n/n167bb40a4505 「人を助けず、立ち去れ」が正解になる日本社会:https://president.jp/articles/-/30327 弁護士 田中浩登ブログ カルネアデスの板―緊急避難:http://www.lawyers-kokoro.com/nagoyashi/column/483/ 諫山創・駿河ヒカル (2014)『進撃の巨人 悔いなき選択 (全2巻)』, 講談社. 文部科学省 (2009)「平成 19・20 年度全国学力・学習状況調査追加分析報告書」:https://www.nier.go.jp/07_08tsuikabunsekihoukoku/07_08_tsuikabunseki_houkokusho_ikkatsu.pdf
第10章	金子みすゞ (1924)「大漁」,『童話』1924 年3月号掲載. SQUARE (1993)「Romancing Sa・Ga 2」 吉崎観音 (2002)『ドラゴンクエストモンスターズ+ 4巻』, スクウェア・エニックス. 中华人民共和国摩天大楼:https://zh.wikipedia.org/wiki/%E4%B8%AD%E5%8D%8E%E4%BA%BA%E6%B0%91%E5%85%B1%E5%92%8C%E5%9B%BD%E6%91%A9%E5%A4%A9%E5%A4%A7%E6%A5%BC 「THE 世界大学ランキング 2021」中国が躍進、上位 20 校入り:https://www.nikkei.com/article/DGXMZO63524260X00C20A9CR8000 北海道コンサドーレ札幌が獲得を狙う「第2のチャナティップ」:https://www.targma.jp/thailand/2018/12/08/post169/ 私とサムスンの李さんとの和解 シャープ元副社長・佐々木正氏③:https://toyokeizai.net/articles/-/9665 中国格言 3「狡兎死して良狗烹られ、高鳥尽きて両弓蔵われ、敵国破れて謀臣亡ぶ」:https://blog.goo.ne.jp/proteinkinasea/e/2e26cf4a49c3da0bc4f1ae1577edbbcf
第11章	山口陽平ブログ(カーネギーの墓碑銘):https://blogs.itmedia.co.jp/yohei/2009/10/tweet-0145.html 【文系・理系】文理・学部別収入や社長数:https://note.com/abcd1999z/n/nf98e32cd67da ブランド戦略通信 第 23 回:ブランド名変更のイメージ調査 (通勤快足):https://japanbrand.jp/ranking/nandemo/23.html
第12章	桜井久勝・須田一幸 (2017)『財務会計入門 (第 11 版) 企業活動を描き出す会計情報とその活用法 』, 有斐閣アルマ. 一職業会計人の " 軒昂奉仕 " vol.20 複式簿記って素晴らしい (その 3):http://www.business-plus.net/business/columnist/tohiyukiwatanabe/series/269401.shtml
第13章	ダン アリエリー(2013)『予想どおりに不合理: 行動経済学が明かす「あなたがそれを選ぶわけ」』, (ハヤカワ・ノンフィクション文庫 . 誰もが知っているダーウィンの名言は、進化論の誤解から生じた! https://gendai.ismedia.jp/articles/-/70729 わずか 15 年で 3 件ものノーベル賞を出した「行動経済学」の知見が、仕事の役に立ちすぎる件。 https://souken.shikigaku.jp/2359/
第14章	小浜裕久・木村福成(2011)『経済論文の作法 第3版』, 日本評論社.
終 章	たけしの万物創成期 (1996)「男と女~謎と神秘の物語~」, 朝日放送. ポール・ニザン (1966)『ポール・ニザン著作集〈1〉アデン アラビア』, 晶文社. 与謝野晶子氏 (1999)『みだれ髪 (新潮文庫)』, 新潮社. 吾峠呼世晴 (2020)『鬼滅の刃 23 巻』, 集英社. 岐阜大学植物分子生理学研究室「緊急告発! DHMO (シヒドロゲンモノオキシド) の恐怖」:https://www1.gifu-u.ac.jp/~yyy/yyy/tea_time_3.html 江川紹子氏「報道ステーション」の主張にダメ出し「誰もおかしいと思わないのか」:https://www.tokyo-sports.co.jp/entame/news/1843491
おわりに	荒木飛呂彦 (2003)『ジョジョの奇妙な冒険 第6部ストーン・オーシャン 16 巻』, 集英社
イラスト	かわいいフリー素材集「いらすとや」:https://www.irasutoya.com/ ※ P.127 の「イヌーピー」及び表紙の自画像と犬の絵は、著者創作

※ URL は、原則として 2021 年1月1日時点のもの。また、文中にタイトルまで示している論文や URL を示している記事は、本ページの掲載対象外とした。

担当講義等の大学公式授業アンケート結果

本書表紙にて「100 名を超える満点」「満足度 96%」と謳うからには、その**エビデンスをきちんと示す必要がありますので、過去全ての大学公式授業アンケートを公表**します。

また、当初は必ずしも高評価ではありませんでした。2018 年8月 22 日（水）、小職の**人生初めての講義の履修者は、1名**でした。かつ、その学生の方は 30 分遅刻しての参加、誰も来ない 30 分間は、自身の存在意義や「生きるとは何か？」等と考えたものです。。。

2つめの講義（以下③）は、公務員試験におけるミクロ経済学の問題、偏微分を用いた最適化問題の解説が極めて不評で、評価平均は5点満点の 3.1（3.074）点。本書表紙風に 20 倍して 100 点満点換算すれば、**満足度 61%の散々たる結果**です。そこから、まずは**イメージを掴むことを重視するよう路線転換し、現在の身に余る評価**につながりました。

① 2016年11月～現在　一橋大学「留学生チューター」：１対１形式のため、授業アンケート実施なし。累計13名。

② 2018年8月22日～8月27日　東京農業大学「財政学」：履修者１名のため、授業アンケート実施なし。

③ 2018年10月6日～2019年1月12日　文京学院大学「経済学」　授業アンケート（抜粋）

	履修登録者数	アンケート回答者数	強くそう思う（５点）	そう思う（４点）	どちらとも言えない（３点）	そう思わない（２点）	全くそう思わない（１点）	無効回答	評価平均
質問項目：教員はこの科目の達成目標を明確に示したか									
「経済学」（米田）	31	27	6	17	3	1	0	0	4.0
質問項目：授業の内容は適切であったか　※総合評価的な最終質問項目									
「経済学」（米田）	31	27	4	7	7	5	4	0	3.1

④ 2019年9月23日～10月2日　東京農業大学「財政学」　授業アンケート（抜粋）

	履修登録者数	アンケート回答者数	強くそう思う（５点）	そう思う（４点）	どちらともいえない（３点）	そう思わない（２点）	全くそう思わない（１点）	非該当	評価平均
質問項目：あなたは担当教員から示された授業の到達目標を理解しましたか。									
「財政学」（米田）	12	10	2	7	1	0	0	0	4.1
質問項目：この授業の受講を同級生や後輩に勧めたいと思いますか。　※総合評価的な最終質問項目									
「財政学」（米田）	12	10	5	4	1	0	0	0	4.4

⑤ 2019年10月5日～2020年2月1日　文京学院大学「経済学」　授業アンケート（抜粋）

	履修登録者数	アンケート回答者数	強くそう思う（５点）	そう思う（４点）	どちらとも言えない（３点）	そう思わない（２点）	全くそう思わない（１点）	無効回答	評価平均
質問項目：教員はこの科目の達成目標を明確に示したか									
「経済学」（米田）	18	16	6	9	1	0	0	0	4.3
質問項目：授業の内容は適切であったか　※総合評価的な最終質問項目									
「経済学」（米田）	18	16	10	5	1	0	0	0	4.6

⑥ 2020年4月11日～7月18日　跡見学園女子大学「経済学」　授業アンケート（抜粋）

	履修登録者数	アンケート回答者数	とてもそう思う（５点）	まぁそう思う（４点）	どちらともいえない（３点）	あまりそう思わない（２点）	全くそう思わない（１点）	該当しない	無回答・無効	評価平均
質問項目：この授業科目の目的は明確に示されていた										
大学全体	27, 961	16, 306	8, 989	6, 054	775	333	100	4	51	4.4
「経済学」（米田）	164	121	93	26	2	0	0	0	0	4.8
質問項目：総合的に判断して、この授業は満足できるものであった　※総合評価的な最終質問項目										
大学全体	27, 961	16, 306	7, 308	5, 914	1, 144	628	238	236	838	4.3
「経済学」（米田）	164	121	102	15	1	2	0	0	1	4.8

※このアンケートの総合評価が、本書表紙の「100名を超える満点」及び「満足度96%」のエビデンス。
５点満点中５点は102名、評価平均は５点満点の4.808点（20倍して100点満点換算すると、96.167点）。

⑦ 2020年4月14日～7月21日　昭和女子大学「福祉行財政と福祉計画」　授業アンケート（抜粋）

	履修登録者数	アンケート回答者数	そのとおりだと思う	どちらかといえばそう思う	どちらかといえばそう思わない	そう思わない	無効・無回答	評価平均
質問項目：この授業の到達目標を意識して学習に取り組めていましたか								
「福祉行財政と福祉計画」（米田）	49	31	8	20	3	0	0	4.1
質問項目：学生からの質問や発表、課題等に対する教員からのフィードバックやコメントは効果的でしたか　※総合評価的な最終質問項目								
「福祉行財政と福祉計画」（米田）	49	31	22	7	2	0	0	4.6

※評価平均は「その通りだと思う」５点、「どちらかといえばそう思う」４点、「どちらかといえばそう思わない」２点、「そう思わない」１点換算で算出。

⑧ 2020年9月8日～9月10日　東京成徳大学「消費経済論」：履修者７名のため、授業アンケート実施なし。

⑨ 2020年9月28日～2021年1月18日　東京農業大学「財政学」：現在講義実施中（履修者113名）

⑩ 2020年10月3日～2021年1月9日　文京学院大学「経済学」：現在講義実施中（履修者14名）

⑪ 2020年10月3日～2021年1月30日　跡見学園女子大学「企業経済学」：現在講義実施中（履修者52名）

※2021年度は、上記６講義に加え、昭和女子大学にて「社会保障Ⅰ」及び「社会保障Ⅱ」、
跡見学園女子大学にて「アジアの経済」及び「経済政策」の計10講義を担当。

履修者様からのお喜びの声

本書**裏表紙に掲載させて頂いたコメントを含め、履修者様からのお喜びの声を紙幅が許す限り掲載**いたします。講義のやりとりの中で頂戴したコメント、小職担当講義等での大学公式授業アンケート、講義・留学生指導後に独自に行った匿名アンケート等で、個人が特定されないもののみを原文ママ、**良い評価も悪い評価も掲載。全て小職の宝物です！**

■ 講義のやりとりの中で頂戴したコメント（抜粋）

- I would **highly recommend** this book to everyone who want to get **the job of your dreams!**
- 向所有**迷茫于就职过程**中的朋友推荐此书。在此其中你可以学到经济理论，并且找到**问题的解决方法！**
- **経済学専攻の就職生たちが絶対見逃さない本**です。学校で学んだ専門知識は就職の際に活用できるコツが教えてくれます。筆者の指導を頂いた就職生として皆さんに是非お勧めしたいです！
- 向各位经济学专业的留学生们推荐这本就职相关的书，当初就职的时候从老师这里得到了很多**非常有用**的建议，也希望能帮到后面想要在日本就职的各位。
- For this semester, I have attended the economic course taught by Yoneta-sensei to learn new skills, and brush up on old ones. **This journey has taken me through topics which are related to the society**. The course is interesting and it' s easy to understand for the beginners. After completing it, I had a strong sense that I genuinely understood what I had just learned, and could apply it **in the future**.
- 老师的经济学课内容大多数都很易懂，对初学者也非常友好，课程伴随很多现实案例，听故事的过程中就能掌握新的概念。总体来说，米田老师的课也改变了我的思维方式，让我在思考现实问题时有了**新的角度**。
- 无论是 seminar 的修论写作中，还是就职活动当中，**米田前辈都是很热心的**进行了指导。可以说是一位可以值得依赖的前辈！
- 米田先輩、本当にお世話になっております、**感謝します！**
- **国税専門官を目指し**、がんばります！
- **わたしは米田先生の授業が好きです。**
- 先生の授業は絶対に火曜木曜の2限にあったら**抽選になるほど人気授業**になると思います‼
- 多数のオンライン授業を受講させて頂いたなかで、米田先生が一番生徒の立場で考えてくださっていると思いました。ただ面倒くさいだろうからてきとうでいいよ、ではなく提出したものに対して真摯に向き合ってくださったことが嬉しかったです。提出期限切れたのに**私一人のために長めの動画を作ってくださったのは感動もの**でした、、。私はレポートが苦手で、的外れだったり抽象的な表現ばかりしがちな気がして“正解がわからず難しいなあ”とオンラインになってよく思っていますが、財政学では講評動画を出してくれるし、間違ってもどこがよくなかったかがわかりやすく、勉強になりました。**今は前期よりもましな文章が書ける気がします。**正直日経解説は全ては見ておらず、もったいないなと思っているので移動時間などに見たいと思っています（その時見ないと意味ないかもしれないですが）。いつも明るくて動画を見るのは楽しいので、授業関係の動画なのに隙間時間に「見よう」と思えます！ありがとうございます。
- これまでの約3ヶ月半、**米田先生からいただいた言葉には幾度となく助けられて**きました。うまくいかないことが続き、自分の可能性を信じられなくなりそうな時、米田先生からい**ただいた言葉がいつも励みになっていました。きっと、米田先生からいただいた言葉は、これからも私の救いとなる大切な言葉**です。今後も大切な言葉を心に留め、日々精進してまいります。本当にありがとうございました。
- 沢山愚痴をぶつけてしまって申し訳ないです…。**溜め込んでいたものを吐き出してスッキリ**しました！（笑）米田先生、宜しくお願い致します。
- ほとんどが文字媒体でのやり取りでここまで読まれていることには驚きですが、思っていることをきちんと伝えてくださる米田先生に出会えたことに心から感謝しています。
- **米田先生激推し！**

■　大学公式授業アンケートにご記載頂いたコメント（抜粋）

・オンライン授業になり、課題を**投げやりにする先生がいる中、生徒視点で様々な工夫を考えて下さり、とても良かった**です。他科目ではあまり国家試験対策はしないので、国家試験の問題を実際に解くことができて良かったです。動画の長さも程よい長さで疲れることもなく、資料も要点がまとめられていて分かりやすかったです。必要に応じて分かりやすい補足説明もして下さったので、理解を深めることができました。**話し方や仕草も愛嬌があって親しみやすさがあり、固くない感じがとても良かった**です。

・生徒視点で様々な工夫をして下さり、何度も改善して下さったため。**もっと受けたくなるような授業**であったため。頑張ろうという気持ちになれたため。振り返ってみると、欠点が1つもありませんでした！**米田先生のような先生が増えれば、オンライン授業も苦じゃないです！**ありがとうございました!!!!!

・経済学について、淡々と講義するのではなく、私たちの**興味をそそるような話題を持ち出しての講義でとても面白かった**。また、就職について触れていた点もよかった。

・課題の取り組みへの考える時間が十分にあったこと。先に全部に課題を提示してくれていたので、考えやすかった。課題の量も適切だった。難易度やわかりやすさなどもよかった。オンライン授業はこういうことなのではないかと思う。大学の授業は楽しいのを想像していて、**唯一授業を受けて楽しいと思えた。米田先生の授業をとってよかった**と思う。また、生徒への返信も早かった。生徒のことを考えてくれているのだなと伝わった。

・説明が顔を出しながらの動画だったりして、**オンラインだけど親近感**がわいた点。

・**すべての受講講義の中でも断トツで丁寧**な先生でした。課題は最初の段階ですべて提示されこちら側もどのようにこなしていくかの計画が立てやすかったです。また、こちら側の負担を考えてあまり時間を要さない課題を出してくれました。生徒からの意見は必ず目を通し、柔軟に対応してくださり安心感がありました。**ここまで生徒に寄り添ってくださる先生の講義を対面で受けたかったです。先生のゼミがあったら是非入りたい**です。

・課題に対する評価の動画を別撮りで撮ってくださったところ。先生が明るく授業をしてくださっているので、**経済学の勉強がより楽しくなった**。10週間しかない中で、重要なポイントをまとめてくださったところ。

・先生の方からわたしたちへ定期的にポータルに連絡を入れてくださったことで、しっかり授業を取り、**繋がっている感覚があった**ことが個人的にとても安心できました。

・オンライン授業でついていけない1年のことを考え、履修登録が決まる前の1番早くにポータルにて授業の進め方等を分かりやすく丁寧に説明してくれた。オンラインの関係で課題が多く、大変という生徒を考慮し、課題内容を変更するなど、**この講座を取って良かった**と思うことが出来ました。

・私達の**意見を尊重してくれてとても嬉しかった**です。

・私が履修しているほかのどの講義よりも生徒に寄り添ってくれていると感じていました。ワイプ付きの講義動画は先生の表情が見れて講義を受けている気持ちになれましたし、『学校で講義を受けたい』という気持ちにもしてくれました。課題提出後、確認しましたとメールを送ってくださったところや、課題に対するアンケートやその回答に対する講評までも、**先生が先生のためだけに動いているわけではないんだ、考えてくれているんだと安心**できました。

・難しいものもわかりやすく面白く解説して下さり、**興味が湧きやすい授業**だった。

・先生が私たちの意見を積極的に求めてくださり、さらに取り入れてくださった点。**こんな状況だからこそ、先生の心遣いがありがたかった**。

・**学生に寄り添った**講義内容であり、講義資料を動画で詳しく説明されていた点。

・身近なものに置き換えた説明や**例えがわかりやすかった**。

・春学期開始前から授業に関する資料や動画配信をして下さり授業意欲がとても湧きました。また、授業開始後は課題軽減など生徒の健康面を考えてくださるなど生徒第一に考えてくれるような工夫が非常に嬉しく思いました。対面授業ではないため、十分に講義を受けられないと感じることが多い中、毎回熱意のある面白い授業を提供して下さいました。課題ばかりに追われる**春学期授業の中で唯一の楽しみとなり、講義動画視聴の際には、思わず笑ってしまうような楽しい講義動画**でした。課題提出でも、コメントを返して下さるなど、とても嬉しく感じました。講義動画以外にも、サブチャンネルでの補足動画は非常に勉強になるものが多かったです。

・オンライン授業と言う先生も生徒も不慣れな環境の中で**1番親切にわかりやすく授業**を行っていたと思います。

・生徒目線で物事を考えてくださり、課題の量や授業の方法を変えるなど配慮していただきとても良かったです。他の授業で詳しい説明もなくただ大量の課題を出される中で、授業の動画を忙しい今は見られない人のために後から見られるように夏休みの期間はいつでも視聴可能にしたり、課題の量は負担が重くないかアンケートを取り課題の量を変えたりと、生徒の声を聞いて、それに合わせて様々な改善をしていただきました。**本当に助かりました**。

・学生のことを考えて下さっているのが良く分かり、ありがたかったです。**明るい話し方**で授業して下さっていたのでとても楽しく感じました。

・**純粋に授業が楽しかったです。私のような経済に無知な学生でも、経済学という分野に引き込まれるような魅力を感じました。**

・先生がすごく親身になって接してくれたのが非常に良かったと思います。こういったことが学びたいと伝えるとすごく詳細に話を聞いてくれて、こちらの学びたいという気持ちに応えようとしてくれていることがとても伝わってきました。また、学生の声を聞いて課題量を調整したり、期限を変更したりと、**何よりも学生のことを第一に考えてくれているところがありがたく、授業を頑張ろうという気持ちになれました。**
・米田先生の授業は毎回私達、生徒がいかに負担なく経済の授業にも行えるよう授業内でアンケートをとり生徒の声を聞くなどたくさん工夫してくださいました。**遠隔授業にも関わらず、それを感じさせないくらい面白い授業で毎週楽しみ**にしていました。コロナ感染症が拡大していなかったら実際学校に行って米田先生の授業を受けたかったと思いました。最初に自己紹介もして頂き、私は1年んおで会ったこともない先生で顔も分からない状態で授業を受ける事もあるので少し不安もあったのですが、米田先生は最初から顔を出して自己紹介をしてくださり生徒がやりやすい環境を作って頂きました。
・授業の講義以外の役に立つ動画を配信してくれたことがよかったです。特に**公務員試験を目指している人にとっては魅力的な動画や問題が多かった**と思う。また、学生に寄り添ったカリキュラムでよかった。
・①先生の顔が見えているので対面授業に近い形で授業を受けられた。音声があったので耳と目の両方で理解できたのでとてもよかった。②理論の説明に**就活や実生活での例が提示**されていたので分かりやすかった。③サブチャンネルで時事について取り扱っていたのがうれしかった。できれば秋学期も見続けたい。④4月のうちから授業の情報をくださったので、早いうちから課題に取り組むことができた。⑤課題の量を変えるかどうか、受講生にアンケートをとっていたのがよかった。
・履修者に授業の進め方や課題の量などについてその都度意見を求めていらっしゃったので、自分の子の授業をつくっていく一員として真剣に取り組もうと思える授業でした。また、**意見や質問を送った際には一人ずつ丁寧に対応してくださり、初めてのオンライン授業でも安心**して受けることができたと思います。授業や課題のフィードバックについてもわかりやすく解説してくださっており、とても役に立つ授業でした。
・授業が始まる前からアナウンスが丁寧で、初めての大学の授業がオシラインであり不安いっぱいでしたが不安が減少しました。生徒の意見をもとに課題を提示してくださったこと。動画も**ただ説明の動画でなく最初の雑談などから興味を引くような話から始めてくださった**こと。
・サブチャンネルをつくり、**授業外でも補足的な部分**まで教わることができた。
・フィードバックがきちんとあって授業内容も面白かった。**シラバスにも個性**があったので選びやすかった。
・サブチャンネルを開設していただき、就活の情報など授業範囲外で役に立つ情報を発信していた。課題のフィードバックが細かく、わかりやすかったため復習に意欲が湧いた。**授業動画の雰囲気が楽しく、何度も見返したくなるような内容**だった。学生の意見を積極的に組み入れてくれた。学生のことを思った課題設定だった。
・生徒の意見を取り入れながら、**生徒のことを考え授業**してくれました！課題に点数をつけて返信してくれるのもの早くて良かったです。また、先生の映像とし資料の画面を併用しながら、分かりやすく説明してくれたところも良かったです。
・授業がとても分かりやすかった。学生の意見を取り入れて授業をしてくれたのでとても助かりました。学生からきた質問を授業で取り上げて丁寧に説明してくださったので**先生への信頼度が高まりました。**
・授業や課題など**気軽に質問**できたところがよかったです。
・動画配信で好きな時間に授業が受けられたのと、右下に小さく先生の顔が出ていて実際に対面で受けている気分になった。生徒のことを1番に考えてくれていて、私たちの意見を尊重してくれた。常に笑顔で授業してくれた。
・**文学部人文学科ででも問題なく**受けられる、ということで選択しました。はじめは不安でしたが、毎回の授業を楽しんで、しかもわりやすく考えてあったため、とても授業が楽しかったです。**就活にも役立つ**ことが紹介されており、全くわかっていない私にも少しづつ知ることができてきているのでとても自分のためになっているなと感じています。
・私が受講した授業の中で一番生徒のことを考えてくださっていてすごく安心感がありました。意見を求められ答えると**わざわざ丁寧に返信をくださり嬉しかった**です。授業も非常に面白く、楽しい授業でした。また課題を早めに出してもよく動画の投稿も早く非常に良かったです。
・授業は**初めに経済学を学ぶ私でも理解しやすく、興味の湧くような題材ばかりだったのでとても楽しく学ぶことができました。**また、サブチャンネルで就職氷河期について質問させていただいた時も熱心にとてもわかりやすく説明してくださったので就活についての知識がつき大変参考になりました。
・成績の付け方もはっきりしていて、**曖昧な表現がなかった**ところ。難しいと思われがちな教科だったけど身近にあったことを経済学と結びつけて教えてくださったのでとても分かりやすかったです。
・先生が意欲的でサブチャンネルも開設していたのがすごいと思いました。**毎日投稿で、そこら辺の YouTuber より更新**してくださいました。また、学生のことも考慮し、課題を削減していただき大変助かりました。

・生徒側の視点に立ってくれた、事前に課題を提出できるようにしてくれた、柔軟に対応してくれた、動画が面白くより興味が湧いたしわかりやすかった。課題量を調整してくれた、**生徒への対応が非常に紳士だった、先生の考え方の押しつけがなく自分の意見を持つことができた**、就職に対応した課題を出してくれた。
・経済学は難しいというイメージがあり**授業を理解できるか不安だったがとても分かりやすい内容で内容もおもしろくてよかった**です。メールで質問をした際にも丁寧な対応でした。また、サブチャンネルの方では経済学以外にも就活に役立つ情報が得られて良かったです。
・先生がとても優しく、授業も課題も私達のことを考えてくれていただき、本当にありがたかったです。課題で大変だろうという理由で課題を減らしたり提出期限を遅らせたりしていただき、本当に**ここまで優しい先生いなかった**です。まだ出せていない課題もいくつかあるのですが、課題を提出した後、確認出来たことを知らせていただけたのもありがたかったです。授業は授業資料を詳しく説明してくださり、理解しやすかったです。
・講義動画の他、サブチャンネルの開設など、**オンライン授業の質としてとても満足度の高い**内容でした。
・**時事問題や身近な例**などもとりいれて説明されていて、わかりやすかった。
・オンライン授業移行後早急に対応してくださった所がよかったです。
・**トピックが面白くて経済の仕組み以外にも結び付けて考えることができた**ので良かったです。生徒の意見を尊重してくれたのが良かったです。
・文字が1枚のパワーポイントに対して**ぎっしり詰まっていたので少なくして**欲しい。
・学生の意見もきちんと取り入れてくださって**今学期で一番いい授業**だと思いました。
・先生本当にありがとうございました。**先生の講座を取って本当に良かった**です！
・以前質問をした際に、すぐに返信をくださりとても参考になりました。夏休みもあまり今まで通り外出などができないので、**チャンネルを見返したい**と思います。短い間でしたがありがとうございました。今後ともよろしくお願いいたします。
・この**春学期の中で一番良い授業だった**と思います。オンライン授業の中でも生徒の負担を考えて、経済学に興味を持つように授業に工夫が見られました。授業方法や課題に対して配慮をしていただき素晴らしい授業でした。
・オンライン授業という不慣れな環境でありながら課題を提出するたびにフィードバックを行ってくださったり、課題の量に関しても生徒の意見を取り入れてくださり**春学期１番履修して良かったと思える授業でした。直接お会いすることができず残念**ですが、ありがとうございました。
・春学期はオンライン授業ということで不安な点も多々ありましたが、**経済学の授業を取って良かったと非常に強く感じるくらい先生の授業は有意義なもの**でした。本当にありがとうございました。
・私はシラバスを読んで米田先生の授業を受けたいと思い土曜には授業が無かったのですが経済を入れました。そのお陰でとても楽しい授業に参加することができ、**経済を選択して良かった**と思いました。しかし、実際に学校で米田先生の授業を受けたかったです。今この状況では仕方なく遠隔授業ではありましたが、私自身経済の授業は楽しいと思いました。授業内でも生徒が経済に興味を持ってくれる様に工夫して頂いている**熱心な姿勢が画面越しからも伝わってきてとても生徒思いの良い先生**だと思いました。**出来れば米田先生のゼミに入りたいと心から思います**。本当にありがとうございました。
・経済学はとっつきにくいイメージで、オンライン授業ということもあって不安でしたが、内容が**面白く単位に必要な要件もわかりやすくてよかった**です。
・**米田先生の他の授業があれば、ぜひ履修してみたい**と思いました。
・課題を出して何の開設もない先生もいる中で、米田先生はお忙しい中アンケートや課題の解説をアップしてくださったりしてくれ本当にありがとうございました。課題も提出しても何の返信もなく本当に届いているのか提出が確認されているのか不安になる先生も多い中一つ一つの課題に対し「確認いたしました」と返信して下さり安心しました。**米田先生の授業を受講して本当に良かった**です。ありがとうございました。
・**対面授業ができなかったのが残念なくらい楽しい授業**でした。短い期間でしたがこの授業が取れて嬉しかったです。ありがとうございました。
・**履修して良かったと一番思える科目**でした。学生への手厚いフォロー、充実した講義内容、課題のバランス、**全てが良かったです。来年米田先生のゼミがあれば是非入りたい**と思いました。春学期間、誠にありがとうございました。
・マネジメント学科ではなくても、とても分かりやすい授業でした！**経済学を学ぶのに米田先生で良かった**と思いました。
・動画で見る**先生の授業でさえ元気を貰えた**ので、実際に対面の授業だったら面白い先生なんだろうなと感じた。生徒のことをよく考えてくれるのは何よりもよかった。
・**米田先生のゼミがあったら絶対入りたい**です。今後、**オンライン授業が続くのであれば米田先生のような授業が増えたらいいのにな**と切実に思っております。
・米田先生はお忙しい中、課題に毎回返信してくださったので、ちゃんと提出できていることが確認できて助かりました。また、生徒の声もきちんと授業に反映してくださるとても良い先生だと思いました。そして、何より経済学への興味が深まりました。春学期の間、毎回わかりやすく楽しい授業をありがとうございました。**米田先生の授業を受けることができてよかったです。**

・経済学を学ぼうか**迷っていたとき、先生のシラバスを見つけて受けようという気持ちになってこの授業を選択してよかったな**と思います。また機会がありましたらよろしくお願いしますありがとうございました。
・この授業のおかげで、アルバイトと他の授業の課題で追われピンチだったときに助けていただいたし、なにより**米田先生がとても優しくて、直接講義を受けることができなかったのが本当に残念でした。米田先生のゼミがあったら是非入りたい**と思いました。まだ提出できていない課題も期限内に出し、残りの授業にしっかり取り組みたいと思います。春学期に取った授業で、**1番優しそうで好きな先生**でした。この授業を通して経済学についての知識をつけられるように頑張りたいと思います。
・問いに対して**自分の考えを表現するということが身についた**と思います。動画で自分の考えが伝わるように話すことの難しさや工夫の仕方が身についたと思います。
・日本の**財政に目を向けるようになった。**
・最初はあまり興味が湧かなかった科目でしたが、興味を持って取り組むようになりました。
・レビューシートに取り組むことで、自分の意見を書くという技術を身に付けることができたように思います。また、レビューシートの内容が少しひねったお題になっていて、しっかりと考えなければ書けないような内容でした。そのお題のまんまを受け取るのではなく、あらゆる面から見て考える必要があったため、**広い視野を持つことの大切さ**がわかりました。いろいろな角度から物事を見られるようになりたいです。
・課題に取り組む中で、一見福祉行財政や福祉計画とは関係性が薄いようなことでも、間接的に影響があることを知り、**様々な事柄に目を向けるようになった**と思います。また、私のような若者が日本の財政について深く考えるきっかけが必要だと感じました。そして、これからは、福祉を学ぶ者として、財政に積極的に興味を持っていきたいと考えています。社会福祉士の国家試験でも重要な分野になってくるため、日本の財政の動向を注意深く見ていこうと思います。
・**答えは一つとは限らない**という考え方がこの授業で身に付きました。例えば、賛成か反対かの2択があった際、どちらか適当に自分の感覚で選ぶのではなく、双方の利点や違いを見て、総合的に判断するということが大切であると授業を通して学ぶことが出来ました。
・動画内で先生の様子が見れるようになっていたところが、**対面授業を受けているようで良かった**です。また、マーカーを用いて動きのある動画にしてくださっていた点です。課題提出後に受け取り完了の返答があった点も安心感があり、良かったです。
・授業動画や課題を先に配信をしてくれていたため、課題に取り組みやすかったように思います。また、レビューシートやレポートの講評動画があり、課題に対するフィードバックがしっかりあったように思います。課題のねらいや書き方を知ることができ、よかったです。課題提出で一律に点数を与え、良く書けていたものに関しては点数を上乗せする形で、授業に対する**モチベーションを高く持ちながら取り組むことができました。**授業動画では、最後に**国試の過去問を取り上げ、解説や解き方のコツを教えてくれていて、とても役に立つな**と思いました。
・全ての課題を5月に掲示して下さったので、見通しを立てられた。Bタイプだったので、自分のペースで学ぶことができた。先生の**フィードバックがとても丁寧**で、講評動画まで出してくれたところが良かった。学生の忙しさを考慮し、提出期限を延ばしてくれたところ。
・動画内で先生がひたすら話しているだけではあるが、先生がたまに映ったりすることで少し**癒される。変な髪形してたりするのは意味が分からないが、インパクトあって生徒のためを思っているのかな**と感じた。
・負担にならならないようにと動画タイプにしてくれたり、課題を早めに提示し早期提出ができるようなシステムにしてくれるなど、私たち学生のことを第一に考えてくれていることが伝わった。また、**動画の最後に手を振ってくれたりいつもとは違う姿で動画をとっていたりしてほっこりした。**
・自分の好きなスタイルで学習できるように動画とパワーポイントを選択できるように工夫されていた。**授業の最後にその章の内容を含んだ国家試験問題**を取り扱っていたため理解が深まった。
・動画の内容がとても充実しており、対面授業とほとんど変わらないと感じた点。また、生徒が取り組んだ課題に対するフィードバックが充実していた点。**チャンピオン級、メダリスト級などを決め、生徒の意欲を掻き立てていたり、良かった内容を紹介して、自分の視野を広げることができたりしたことがとても良かった**と感じている。課題を早い段階で発表してくれた点もとても助かった。オンライン授業を受けるのが初めての中で、生徒に対するそのような配慮は、嬉しかった。授業をするにしても、課題のフィードバックを行うにしても、生徒のことを1番に考えていることが伝わってきて、このような先生と学習していきたいと思った。そして、動画の**部分部分にこちらをほっこりさせてくれる仕草**をしてくれて、とても楽しく動画を見ることができた。
・**福祉は視野が狭くなりがちだということに気が付けたこと。**
・フィードバックが手厚く、**対面での授業をしている時と変わらない**ようにしてくれたと感じる。
・この授業を受けると**自分にがっかりすることが多い**ことに気づいた。
・課題に対するフィードバックが効果的になされていた、福祉をいろんな視点で捉えることに繋がった、**自分の意見を相手に伝える力が身についた。**

・レポートやリアクションペーパーが点数で格付けされていたので、**一生懸命やろうという気持ちになりました。**
・フィードバックが丁寧なところが非常に良かったです。毎回課題に対しての解説動画を配信して下さり、**他の人の素晴らしい文章をみて刺激をもらったり**、レポートの書き方についても同時に学べたのは、オンライン上でレポート課題が増えた私にとって参考になる、非常にありがたいものでした。
・15 回目の動画が、選択制で良かった。**生徒の意思尊重を心がけた授業・課題**であった。
・**ときどき、横文字の言葉がわかりづらかった。**横文字の言葉を和訳でも言って欲しい。
・**動画に教員が出てきた時、気になって集中できなかった**時がある。
・オンラインは、通常の授業よりも様々な面で負担が大きいため、もう少し動画を短くして頂けると有り難いです。
・課題を**動画で提出させる先生は初めてで、オンラインで顔を映すより最悪**だった。あれをかまないように練習するのに時間がとられた。あと、課題を最初に全部出たせいでやらなきゃという気持ちが出ず、後回しにしてしまうことが多かった。それと、先生の顔が映るのはいいんですが**服装がはだけすぎな回があって嫌だった。**
・一度、レポート提出率がかなり低いため期限を延ばすという提案をされ、**早々に希望の声が複数あったとして勝手に延期**した。まず、理由として、「いつもご提出してくださる方が軒並み遅れ提出率がかなり低いのは、個人の怠惰ではなく、運営側に問題あるものと推察します。」とした。この人数を明確にせず、期限延長したことに納得がいかない。また、自分は期限に間に合わせて提出したのだが、その際の評価の仕方、プラスになるのかなどの説明も一切なく、提出している側の意見を聞くことは一切しなかった。それどころか、「既にご提出くださっている方も練り直したい方はお受けいたします」としており、この状況ではどう成績をつけているのか不明瞭だ。授業ガイダンスの際に、全課題締め切り日は7／ 28、各課題出題1週間以内・早いほど加点としていたはずが、一部の人のために急に変更しては公平性が取れていない。自分のように提出してる人がいるのだから、絶対に困難ということはなく、**自己責任でよいのではないだろうかと思った。改善してもらいたい。**
・今まで**興味すらなかった経済学がレジュメやレポートなど自分で考えることが多く、学ぶうちに授業が楽しくなりました。**
・１つ１つのレポートに対して細かく丁寧にアドバイスをしてくれるし、**生徒のことをちゃんと考えてくれているのがすごく伝わってくるとても良い先生**です。
・声量は調度良いのですが、**よく早口**になり、聞きとりにくいと思いました。
・**数式苦手ー。**
・数式のところで、今まで文系だったのもあって**知らない記号が出てきて、理解できない**ところが多かった。

■　講義で独自に行った匿名アンケートにご記載頂いたコメント（抜粋）

・日本や外国の状況について意見や改善方法を書くことが多く、こんなの考えても答えが分からないから今この状況なんじゃん！と思っていたけど、**学んで考えることが何より大切なんだと気づかされた。**
・**"学ぶ"ということの考え方が変わった**ので、この授業を受けて、経済学はもちろんですが、その他のこともたくさん学べて良かったです。100 点。
・授業がタメになるものばかりで説明がとても分かりやすく、**生徒のことを凄く考えてくれているのが伝わってくるとても良い先生**でした！100 点です！
・全てが良かった。特に良かったと思ったところが**先生のキャラが素敵だった**こと！とてもわかりやすく時間も長くなくちょうどいい時間で集中して講義を受けられました。**1万点！**
・堅い話ばかりではなく**豆知識や雑談**があり、行政や財政について取り組みやすかった。福祉に関連するニュースや新聞記事を探してみるようになった。
・動画の最後に**手を振ってくれてほっこりした。**黄色のマーカーペンを引きすぎて混乱してしまう部分があった。
・負担にならないようにと動画タイプにしてくれたり、課題を早めに提示し早期提出ができるようなシステムにしてくれるなど、**私たち学生のことを第一に考えている**ことが伝わった。対面授業のときに受講することができなくて本当に残念。
・先生のレビューシートの講評を受けて、**自分には感情論やこうあるべきなどの福祉的考え方**が染みついてしまっているとわかった。正義感だけでなく、もっと論理的にものごとを考えるようにしたいと感じた。
・率直な意見聞けて良かったです。**自分の考え方には偏りがあったり、媚を売ってもきもいと思われるんだなと気が付けました。**優秀な人のレポートやレビューを見ることが出来たので参考になりました。
・**話し方や仕草も愛嬌があって親しみやすさがあり、**固くない感じがとても良かったです。
・行財政と聞くと、難しいというイメージがあり、今まで分からない用語もそのままにしていましたが、この授業を機に米田先生の授業を聞くだけでなく、**自分で用語も調べる良い機会になった**ため、行財政について以前よりも興味を持つようになりました。
・この授業で学んだことは、**大人になる上で必要な知識が多い**と感じました。
・私が**年を取った時**、日本の財政は改善されているのか、それとも悪化しているのか、とても気になりました。
・ZOOM だと生配信ということもあり、家で集中力も続かず、見返すこともできないのですが、動画配信の場合は、分かりにくかった部分や聞き逃した部分を、**自分で戻して見返すことができるので、とても良かった**です。
・どのような課題が来るか毎日不安な中、**ある程度の課題の流れを見ることができて安心**することができました。

・課題を提出するだけでなく、**受け取りましたという報告や、講評動画**も出して下さる等、フィードバックをして下さり、とても良かったです。
・自分の中ではこれが正解だと思っていても色々な意見があるのだと知ることができて、とても良い機会になりました。その中でも**良いと思った意見はしっかり自分の中に吸収したい**と思いました。
・講評動画で**レポートを取り上げて下さったのがとても嬉しかった**です。当初は、正直少しでも加点されたら、それ以降はあまり努力しなくてもいいくらいに思っていましたが、**講評動画で沢山褒めて下さったおかげで私自身のモチベーションも上がり**、その後も一生懸命取り組もうという気持ちになることができました。
・国家試験対策の問題を解きまくる会がいいです。**米田先生の「寝ていい…かい？」の語呂合わせがすごく印象に残っていて役に立っている**ので、米田先生なりの語呂合わせ等、印象に強く残るものがいいです。
・とても楽しく受けられる授業だったので、**コロナがいなければ米田先生の対面授業を**受けてみたかったです。
・**【120 点】**生徒視点で様々な工夫をして下さり、何度も改善して下さったため。**もっと受けたくなるような授業であったため。頑張ろうという気持ちになれたため。振り返ってみると、欠点が1つもありませんでした！米田先生のような先生が増えれば、オンライン授業も苦じゃないです！**ありがとうございました !!!!!
・先生の**優しい話し方に安心感を覚えた。**
・混乱した状況が続く中で、**早い段階で自分のやるべきことを明確化**することができたため、とてもありがたかった。
・（課題講評動画で）**取り上げられてとても嬉しく、モチベーションが上がった。**
・説明がわかりやすく、フランクな話し方で授業をしてくださるのできやすかったです。**ワイプが面白くて好き**です。
・自分とは全く違う意見を聞くことができてり、参考になったし、**おもしかった。**
・大学に行けないので気軽に友達と意見交換することもできないので、自分の意見だけで考えずに済んだ。**ほかの人な考えを聞くことで自分の考えや価値観を柔軟にすることができる**からとてもよかった。
・授業の内容だけでなく、先生が独自に調べられた授業に関連する知識や、脱線したお話など、一つの動画に様々な変化があって、**聴いていて勉強になりますし、楽しいところが良かった点**だと思います。微妙な点は今のところ見当たりません。
・講義を受け、これが絶対正しいという答えが、必ずしもあるわけではないと知ることが出来ました。課題を**取り組んでいる際に「こっちの意見の理由しか考えられない！」と思うようなこともあり、そのまま自分の意見だけを押し通した文章を提出していましたが、**先生の講評動画を拝見し、福祉を学んできたからこそ、いつの間にか決めつけてしまっていた価値や考えが自分の中にあるのだと気づきました。そこからいろいろな視点から問題を考えていくことの大切さを学び、成長できた気がします。
・99 点です。微妙な点で挙げるほどではなかったので書きませんでしたが、動画がちょっと長いときがあったので…1点引きました。ですが、その分丁寧に解説して下さっていたので**とても分かりやすかったです。内容に関しては 100 点です !!**
・私が、この講義を受講させて頂く中で有り難いと感じた点は、授業の中で過去問を解くことが出来た点と、フィードバックがあった点です。その理由としては、フィードバックがあることで、みんなは課題に対してどの様にレポートを書いたのか、**自分はどこが良くてどこがダメだったのかが明確にわかった**からです。過去問については、実際に今日の授業の内容がどういった問題として出題されているのかを知ることができたので、分かりやすかったです。もう一つ意見を述べさせて頂けるのであれば、スライドの最初の方（法律内容）は文字数が多く、少し分かりにくいと感じました。
・この講義を受講させて頂き、自分の中での**レポートについての意識が特に変わりました。**以前は、どちらかと言うとレポートの質よりもスピードを重視していましたが、評価が数字や順位で現れることで、みんなに負けたくないと思うようになり、より完全な形にしようという思いが生まれました。また、自分の主観だけで一方的に述べるのではなく、場合によっては調べたりして、根拠を明確にするという事を意識するようにもなりました。
・私は、講評動画にもとても満足しています。レポートなどに取り組んでいても、どうしても自分の意見でしか書けないため、同じテーマでも、ほかのみんなや、先生はどうお考えなのかということを見るのはとても勉強になりましたし、**自分自身考えが変わった所も幾つかありました。また、自分の考えが選ばれるととても嬉しいですし、大いにモチベーションが上がりました。**逆に取り上げられなかったときは、何がダメだったのかを動画を見ながら比較し、分析できたのでとても良かったです。
・97 点をつけさせていただいた理由は、総合的に考えて、**全てにおいて根拠があり、理にかなった授業をされていると感じた**からです。そこに強い安心感を感じ、自分としても授業を受ける中で成長を感じることが出来ました。残りの3点は、パワーポイントの内容についてです。内容によってですが、もう少し図や色で分けて下さると、重要な所と、次に重要な所の区別がつきやすいのではないかと感じました。
・**顔出しとお手振りは安心する。かわいいです。最初のあいさつの「米田です」の「田」がいつもかわいいです。**
・特に**不可もなく良かった**と思います。
・レビューシートやレポートなどを出していれば、**単位が保証されているのが良かった。**動画の課題はきつかった。授業とは別に、課題のフィードバックをしてくださりありがたいと思った。けれども動画を見るのが面倒に感じることもあり、オンラインの面倒な部分だと思った。
・**＋αの知識がたくさんあった**ところ。福祉という領域に限らず様々な分野、場面で活かせそうな知識があって、勉強になりました。
・**「私の一意見なので」という言葉が多くあったところ。考え方を押し付けようとするのではなく、私自身が考える余地があって、受け身ではなくなりました。**
・限定公開コメントで丁寧にコメントしてくださったところ。実際に会うことができないこの状況で、距離感が縮めるのは難しそうだと思っていましたが、**コメントをしてくださったことで近くなった感じがしてうれしかった**です。
・動画が面白かったところ。**手を振ったり、敬礼をしたり、ツッコミどころがたくさんあって楽しみながら講義動画を見ることができました。（特に腰が痛い動画が好きです）**

・**顔出し最高**でした。
・他の人の価値観を知ることができて良かったです。また、それぞれ人の考え方に対する先生なりの解釈や意見があったことで、**先生の価値観も知ることができて良かっ**たです。
・**120点‼**授業の内容や解説が本当に丁寧で凄かったです。また、先生の人柄が「**この授業はちゃんとやりたい**」と思わせてくれる雰囲気だったので楽しかったです。
・上位の人の成績や人数などは、**自分のプレッシャーになるので知りたくなかった**です。
・内容は難しい部分もあったけど、**雑談の時に息抜きできたので疲れすぎないで授業に取り組むことができました。**
・メールを送るほど疑問に思っては無いけれど、ちょっと気になるような質問を送る**Googleフォームがあれば良かった**のではないかと思いました。
・95点です！早く提出をしなければ！という焦燥感に駆られていたので－10点ですが、**先生のピース姿が印象的で可愛かったので＋5点**です。（笑）
・通信料なども考えず、好きな時間に視聴することができよかった（**たまに先生がピースして出てくるの面白かったです笑**）
・どのような基準で点数をつけられているのかや**どのくらいの割合の人が満点をとれているのか知ることができ**、課題への取り組み方も考えさせられた。
・日本の**財政は、自分が思っているよりもかなり厳しいものだった**ので、消費税が上がるのも仕方のないことだと思った。
・日本がどれだけ財政的に厳しいのかよくわかりました。わたしたち若い世代の将来はどうなってしまうのかと不安が大きくなりました。正直「福祉行財政と福祉計画」という授業名を聞いて難しそうだなとあまりやる気がなかったのですが、講義を聞いて、**ソーシャルワーカーになるとしてもならないとしても、ひとりの社会人として知っておかなければならない内容だな**と感じたので、途中からやる気が出ました。
・**動画越しでしたが、先生のフレンドリーな感じが伝わってきて、**直接講義を聞くことができないのが残念に思います。
・**他の人の優れたレポートについて講評を聞くことができたのは勉強になりました。**あと、レポートの書き方を動画の中で話してくださったのがとても役立ちました。大学生になってから文章を書く機会が増えましたが、なかなかうまくならないので、ありがたかったです。レビューシートはいつも3/4なので悔しいのですが、残りで4点満点取れるように頑張ります。
・自分とは違う考えを知ることができて良かったです。**説得力のあるチャンピオンのレポートも見ることもできて、自分が提出したものより圧倒的にすごくてプレッシャー**も感じましたが参考になりました。
・良かった点：フランクな感じ、**楽単だと自ら言ってくださった**ので負担なく課題に取り組めた、最初の自己紹介動画が面白かった、面白そうな人だと思った。**微妙だった点：たまに説明が雑**。
・動画は、いつでも見ることができるし、聞き逃したところを、もう一度見返すことができるため、Bタイプでよかったと思いました。パワポの画面をずっと見るのは疲れるため、**先生がたまに出てきてくれるのが良かったです。もっとたくさんでてきてほしいと思いました。**
・私は、課題を早めにやるのではなくて、授業日に合わせて取り組んでいたため、特に何も感じなかったですが、**先に終わらせたい方もいると思うため、そういう方に配慮している点が良い**と思いました。
・他の方の意見がとても参考になりました。しかし、**他の方のレポートが素晴らしすぎて、プレッシャーになりました。**頑張ろうと思います。
・80点。**動画の説明はとてもわかりやすかった**ですが、少し長いと感じたのと、レポートが少し負担に感じたためです。
・レポートに点数をつけそれを公表したことで、授業を受けるよりもレポートの点数をとることにいっぱいいっぱいになり本来の目的である知識を増やすという点では微妙だった。**丁寧な説明で嫌味なく話される先生の姿に安心感を覚えた。**
・**もろもろのアナウンスが丁寧でありがたかった。**動画時間が割と長く、ボリューミーだったので、また見返したいと思う。
・**恋愛経済学の謎が強すぎ**て気になります。
・課題を出すのが早いのがとてもいい。スケジュールがあってよかった。**遅れて出した人と期限内に出した人の基礎点が同じなのは納得がいかない。**
・福祉にかかわる問題はたくさんあって**私はそれに対して鈍感に生きていた**のだと思った。またトロッコで精神的にきついといっていた人は何か理由があるのかもしれないけれど**自分が考えることに目を背けているだけだ。**
・**偏っている**と感じた。
・経済的な内容は苦手意識がありましたが学んでみると面白かったです。最新のデータや国試の問題が参考になりました。瞬殺の問題は**瞬殺できるように身につけないといけないなと危機感**も持ちました。
・周辺知識豊富であったり、**普段習っているような「福祉」という堅い分野にとらわれない授業**で楽しく受けられた。解説動画を出していただくのはとてもありがたいが動画が重く開けないことがあったので少し負担に感じた。
・良かった点…フィードバックが丁寧なところです。今年は異例の年で、私たちと同様に先生たちもこのような対面では出来ないという形になれるのに必死だと思うし、やることもたくさんあると感じます。そのため、時間がないというのも一緒だと思います。しかし、そんな中でも、**丁寧な授業動画を獲ってくれて、ありがたかったし、頑張ろうという気になれました。**課題を出せばしっかりと点数をくれて、出して点数がかえってくるのも早かったので、ありがたいなと思いました。
・悪かった点…**動画が少し長い**かなと思いました。動画内での資料に対する黄色線が多すぎて、重要なところがわかりづらいと思いました。結局どこが大切なのかこんがらがってしまうと思いました。
・一般的に言われている、合っている間違っているではなく、**自分の中での考えをもって日本財政について考えていくことが大切**であると感じました。今年みたいイレギュラーな状況はこれからも起こるかもしれないし、こういう事態が起きることによりどんどん世界は変わってくと感じます。変化についていき、生きていけるように、日本のことについてもっと日ごろから目を向けることが大切であると感じた。
・4月は**先が見えず不安だったので、早めに課題を公表してくれたのはとても良かった。**

・本来ならば1限なのできついと思うし、朝の一発目からこういった内容のものをやるのはしんどいと思ってしまっていて、**前期時間割を見た時に「つら…」と思ってしまいました。（すみません。）しかし、動画タイプにやっていただいて、対面ではないのに同じ空間で授業をしているように接してくれたり、自分の見たい時に見れるので助かりました。**
・日頃考えないようなことを考える機会が増えたり、**トロッコ問題などではクイズ形式のようで面白かった**です。
・PCで時間あるときに1.5倍速で見ていた。**先生の最初の「米田です」という挨拶がとてもすき。**
・毎日毎日それぞれの課題が上がるので頭がごちゃごちゃになっているが、この授業に関しては先に公表してもらっているので**要領よくできている。**
・**自分がまったく着目していなかった内容なので面白かった。**
・レビューシートのお題が、DHMOやトロッコ問題など**独特なものが多く取り組んでいて面白かった**です。
・他の人の考えを知れたことは勉強になりとてもよかったです。**取り上げられているレポートのレベルが高すぎて不安になった時もありました。**
・日本の財政状況は自分が思っていた以上に深刻で、危機感を持ちました。**自分の老後など将来が不安**だなと思いました。
・課題を提出したら一律に点数をくれるため安心しました。**良く書けていれば加点があったのでやる気になりました。その分精神的にしんどかった**ようにも思います。
・**動画のはじまりが好きでした。先生がかわいかったです。親しみやすいキャラ**だなと思いました。
・**何回か取り上げてもらえてうれしかった**です。他の方の優秀な回答を見ることができて勉強になり、よかったです。他の方がすごくしっかり書かれているのを見ると書けない自分が嫌にもなりました。
・課題が精神的にしんどかったため90点ですが、先生は生徒のことを考えて動いてくれてよかったです!!!と**てもかわいかったです!!!** ありがとうございました!!!
・90点。学生のペースに合わせてくださるところが、良かったからです。また、**先生の顔出しがあり、対面授業のような感覚で授業を受けられたから**です。
・レビューシートなどの内容も考えやすいものが多くてよかったです。授業の内容もわかりやすかったと思います。**先生のしゃべり方がかわいかった**です。
・学生が自分の興味・関心のあるものを自ら選択することができるというのは、とても良い方式であると思いました。米田先生は、1つの講義動画を作成するだけでも多くの労力を使うはずであるにも関わらず、4つもの動画を作成してくださって、**本当に学生思いの方であると思いました。**ありがとうございます。
・他の授業では、国家試験の問題を解く機会が中々ないため、とても良かったです。「♪Tips♪」のイメージ暗記も印象に残るものばかりでした。また、ただ米田先生が解説をするという形式ではなく、一緒になって解いていくという形式であったため、私も頑張って解こうという気持ちになることができました。**正解して喜んだり、間違えて落ち込んだりしている米田先生を見て、途中から応援したい気持ちになりました。(笑)** まだ知識が完全に身に付いていない状態での国家試験の問題はとても難しかったですが、教科書等を読み込むよりもとにかく沢山の問題を解いていった方が国家試験の対策としては効率的だと思うので、これからも沢山問題を解いて、どこの部分が出やすいのか等の傾向を感じていきたいと思いました。他の3つの講義動画も興味があるので、他の授業の課題に疲れてしまった時、気晴らしとして楽しく見させていただきたいと思います。
・今後、**米田先生の授業を再び履修できる機会があれば、是非履修させていただきたい**と思います。半年間、とても楽しい授業ありがとうございました。
・就活の話と関連させた捉え方の紹介があって、**メモ魔の抽象化と転用のフレームワーク的なところが面白かった**です。
・恋愛のためになるだけでなく、**福祉の分野で働く上で男女の特性や距離感の重要性がわかったところ**が良かった。微妙だった点は特にないです。コスプレまでしてくださってありがとうございました。
・他の授業では選択制が一度もなく今回が初めてだった。**自分が気になっている内容のものを見ることができて学びにもつながるしリフレッシュにもなって良かった**と感じる。
・今までの講義とは違いサイエンス番組動画が使われていて興味をそそられた。現在話題となっている例を用いており、イメージがしやすかった。**いつもとは違う姿に思わず吹き出してしまった。赤髪が似合っていた。**
・全く関係のなさそうな福祉と恋愛について何を話すのかと気になったのと、補講分の動画なので楽な気持ちで見れると思い選びました。正直期待を持って動画を見たわけでないけれど、内容は面白かったです。対面ではない中で、あのような格好をして動画をとるのはとても勇気が必要だなと感じます。男性と女性の違いが面白かったです。佐々木希ちゃんが離婚しない理由は、先生が講義内で言っていたことではないと感じましたが、もしそのような気持ちからだったら少し怖いです。**今は女子大で、色々な男の人と関わる機会が多くはありませんが、将来相談職の仕事に就いたら男の人と関わる機会が増えると思うので、距離の取り方など気を付けたい**と思いました。
・良かった点としては、実際に国試を解くことで、自分の苦手なところを再確認することが出来たことです。**先生の間違えたときの反応が面白かった**です。微妙だった点は特にないです。
・選べて面白いと思う。正直皆課題に追われていて、ただこなすということになってしまうということになってしまうと感じている。しかし、こういうスタイルにすることで、興味があるものを選んで見ることが出来るので、そこまで気負わずに出来ると思う。また、**今年はこういったイレギュラーな状況で他の課題も山のように出ていたり、皆、普段とはまた違う忙しさの中で活動をしてると感じる。そんな中で私たちの事を考えて、課題を選択式にしてくれているというのを感じ取ることが出来て、嬉しかった。**
・こういうのは**今までになかったから面白い**。が、成績に加算されないなら先生の負担が増えるばかりだと思う。今他のレポートが忙しいので、後日見てみたい。（興味はある）
・**先生と一緒に問題を解いているような感じで、選択肢を消去していくことができたため、新しい回答の仕方が分かりました。**答案を見ずに考えてくれたことで、一緒に共感しながら解けたので楽しかったです。微妙だった点は特にないです。オンライン上でしか講義を受けることができなかったため、対面で受けれなかった残念さが残りますが、毎回丁寧に説明してくださり感謝しています。ありがとうございました。
・**愛に関しての授業は心理系以外では初めてだったため、面白かった。**

・この講義を拝見して、私が思っていたよりも具体的に実例を交えながらお話されていて、違う視点から恋愛について考えたような気がしました。また、**データで男女の違いが表されていたのも、説得力あってよかったです。私も将来職に就いた時には、男女によって対応の仕方を考えようと思いました**し、日常生活の中でも、最も説得力があり、もめごとにならない話し方や対応をしようと思いました。
・まず、学生が自分で見たい講義を視聴できるように、**4パターンもの動画を撮って下さったことに感謝の気持ちでいっぱい**です。選択制は、興味のあることや学びたいことを自分で選択して見れるので、見らされている感じがしなくて良かったです。
・**米田先生の最初の出だしが非常に面白く終始笑ってしまいましたが、楽しく見ることができて良かったです！**内容としては、男性と女性の本能の違い、生存戦略の違いについて知ることができたり、話を聞いていて**自分にも思い当たる節があったりしてとても面白かったです。また、米田先生の「フツーの男性」チェックも楽しく見ることができました。**恋愛がこんな風に福祉に結び付けることができるのだと感心しました。微妙な点はありませんでした。
・まず、微妙だと感じた点は、ビデオを視聴する時の画面が小さく映像が見にくかったところです。ビデオの時間は、横から説明を加えているわけではなかったため、枠を大きくした方が良いと感じました。また、**学ランを着ての講義は面白かったものの、少し前の学生感が否めなかった**です。良かった点は、生物学的に男女の違いを知ることができて面白かったところです。恋愛やビジネスの観点の話でいろいろと例を取り上げていましたが、それが具体的に共感できて、よりわかりやすく感じました。一見福祉とは関係ないような話かと思いきや、クライエントとの対人援助の際に知っておくと良いものなどを知ることができ、タメになりました。全体的に面白かったです。
・**試験で見るべきポイントが明確になっていて、他の問題でも応用できそうだった。**覚え方の具体例もわかりやすかった。
・良かった点：**実際に先生が解いているところが見られるため、問題の進め方の参考になった点。答えを見て一喜一憂していることにより、臨場感があって飽きにくかった点。**
・内容がとても面白くて、分かりやすかったです。**男女のデザインの違いによる考え方や性質に違いに、初めて知ることも納得できることもありました。**また、特徴を抑えて注意するべきことはしていきたいし、男性に対しても本能的にこうだという認識をある程度持っておくことも良いことだと思いました。私自身の男性のタイプは理想が高くなっていると実感できるので、紹介されていた項目まで求めるとここまで確率が下がることには驚きました。あと、先生の突然のファンキーな感じがすごく面白かったです。興味を持って見ていたので、特に微妙に感じたところはなかったです。半年間ありがとうございました！
・**問題を解いていく過程を見ることができてよかったです。先生が正解したり、間違えたりしたときの反応がかわいかったです。間違えたとき悔しそうなところが面白かったです。模擬試験や過去問となるというつまらない内容も先生のおかげで楽しく見ることができました。**
・動画を見ていて**先生がとても面白い方だったので実際に会ってみたかった**です。前期授業ありがとうございました。
・いつも通り線を引きながら**どこが間違っているかが分かりやすく**、予想問題ということで**私たちがやったことが無いであろう問題を使って頂いたところが良かった**です。微妙だった点は特にないです。
・一般教養科目のように受けたい授業を選択するのは経験したことがありますが、1つの講義の中で4つのジャンルが用意されており、その中から自分が一番興味のある講義を選べるという形は、受けたことが無かったので、**新鮮で面白かった**です。
・先生が実際に動画内で問題を解いていて、**どういう方法で答えを導き出しているのかが分かり、選択肢を減らしていく考え方を知ることが出来て良かった**です。また、「○○しなければならない」といった、ただの問題解説だけでは学べない、問題を解くうえで注意すべき文末についても知ることが出来て、大変参考になりました。加えて、画質も良く、文字もつぶれていなかったところも良いと思いました。**先生が正解して喜んでいた場面を見た際は、なぜか私まで嬉しい気持ちになりました！**見る前は、お堅い動画なのかなと思っていましたが、個人的には楽しく、最後まで飽きずに問題と向き合うことが出来ました。
・普段なかなか触れられない**国試をたっぷりできてためになった。解説がひとつひとつ**丁寧で、答えを知るだけで終わらずに知識を深められた。
・**先生が形から入っている点のとても好感**が持てた。多目的トイレこと、大島じゃないほう渡部とのぞみーるについてを例に挙げて説明してくださっていたのが、わかりやすかった。**ダメ男に惹かれる友達が周りにもいたが、本能的なものも関係しているという気づきが新しかった。**男女で恋愛の価値観に差があるのは、生物学的な要素が関係しているということが分かって面白かったし、**納得できた。万物創成期すごい。**
・男女の本能的な違いを知ることで、コミュニケーションのあり方や福祉におけるアプローチの仕方において工夫が必要であるということを学べました。**事例がリアルすぎるところがあった点が微妙**でした。また、いつもの先生の様子で顔出ししていただきたかったと思います。
・恋愛と福祉の意外な関連性を丁寧に説明してくださっていたところがとても良かったです。今まで福祉と恋愛を結びつけたことがなかったため、動画から得たすべての知識が新鮮でした。今回の講義を踏まえ、**「愛の本能」を制御する「知性」を備えた女性になりたいと強く感じました。**また、米田先生の「フツーの男性チェック」がとても面白かったです。微妙だった点は、1つもありません。いつも学生のことを第一に考えてくださっていたことを、本当に感謝しています。半年間、ありがとうございました。
・コロナ禍の就職について不安に思っていたし、何をすれば良いのか分からなかったが自分が**就職までにするべきことについて見えて良かった。**微妙な点は特にないです。
・オンライン授業になってしまったので仕方がないですが、**パソコンに不慣れだったので課題をやるたびに疲れてしまった。**
・先生の頭の中の**思考回路がわかって、「こうやって考えればいいんだ」ということが具体的にわかったところがとても良かった**です。今までは問題を見ても解き方や考え方の順番など決まっておらずフィーリングで解いている部分があったのですが、必ず抑えなければならないところ、感覚が掴めたことが大きいです。**家庭教師のように一緒に問題を解いている感覚があり、楽しかったです。微妙だった部分は思いつかないくらい自分的に収穫がいっぱい得られた動画だった**と思います。半年間、感染症で大変な中オンライン授業を展開してくださり本当にありがとうございました！

・99点‼私は今二年生ですが、**こんなに生徒思いな先生に初めて出逢いました。**課題を出した際に**個別で返信していただけたり、質問にも丁寧に回答してくださったり感動しました。大学の先生の中にもこんなに素晴らしい先生がいるんだなと感動いたしました。**動画の内容も工夫してあり、課題も最大限のご配慮していただき、気が滅入っているなかの癒やしでした。1点少ない理由はやはり、直接コミュニケーションを取ったり、お会いしたかったなという気持ちがあるからです。授業自体は100点でした‼経済学の授業がこんなに楽しいとは思いませんでした。三年生になったらまた必ず米田先生の授業を取ります。本当にありがとうございました。
・最終課題にて、今後の就活で役立てられるESの練習をさせて頂けて、とても助かりました。何回目の授業かは忘れてしまったが、**絵描きをされているユーチューバーの方に関する動画が、とても興味深かった**です。
・課題に関する変更が行われたことで、課題が減ったことはとても有り難かったが、**既に終わっている課題もあったため、少しショックでした（笑）**
・何種類かの選択肢があることが新鮮で、おもしろいと思いました。**恋愛福祉行財政計画はネーミングが面白く、**就活については何も知識がない自分に危機感を持っているため興味が湧きました。今は課題で少し忙しいのですが、提供された動画は全て見たいので課題が終わったら全て見ようと思います。
・**情報が多すぎて**分かりづらかった。対面じゃないので課題の量とかは先生の独断で決めてくれてもよかった。そこに時間を取られた。
・授業動画で声だけではなくて、顔も出してくれたのでどんな先生から教わっているのかが分かってよかったです。また、**恋愛の経済学でコスプレをしているのも見ることが出来て面白かった**です。
・100点です。先生の講義が他にもあればまた、履修をしたいと感じました。**毎回熱意のある動画を提供して下さることが嬉しく、面白さもあったため、課題に追われる中でしたが唯一楽しく学べるもの**でした。また、課題などの削減大変嬉しく感じました。サブチャンネルのESシートの書き方や就活に関する動画など今後も活用したいものが多くありました。ありがとうございました。
・**経済学は以前から気になっていたけれど、数学が苦手なので避けてきましたがとても面白かった**です。先生の授業を対面でも受けてみたかったです。また、授業や課題に追われていて、まだ見ることのできていないサブチャンネルの動画があるので、夏休み期間に見たいと思います。春学期間ありがとうございました。
・**私が思っていた経済学より何倍も楽しかった**です。課題の一覧表（?）と、その課題のやり方など、細かい説明がきちんとされていたので、苦なく課題に取り組むことが出来ました。
・コロナウイルスの影響で新しい授業体制が行われる中で、多くの講義動画やコメントなどを発信してくださりありがとうございました。**学生の意見や体調面など多くを考慮し反映してくださるところが他の授業より多く感じられた気がしました。**このような状況の世の中ではありますが、体調を崩されないよう何卒ご自愛くださいませ。
・**この講義を受講できてよかった**です！ありがとうございました！
・**すごく面白かった。恋愛についての知識が増えた。**
・授業が開始される前からメールで対応してくださり本当にありがとうございました。**リモートで新しい友達もできず、誰にも相談できなくてとても不安でした。そんな中先生が丁寧に回答してくださったのでとても心強かったです。**授業もとても楽しくて充実できました。ありがとうございました。
・満点です。沢山のお心遣いありがとうございました。**経済学は非常に難しいイメージがありましたが今思えば一番好きな講義になっていました。**本当にありがとうございました。
・ほとんどの授業が資料配付の形式の中、動画での配信と授業のフィードバックがされており、熱意が伝わってきました。**生徒第一の授業**をありがとうございました。
・途中から毎授業の**課題提出が無くなり、モチベーションが少し下がってしまいました。**自分も課題提出を減らしてほしいという方に提出したと思いますが、あったほうが頑張れたかもしれません。
・春学期は先生のおかげで楽しく学ぶことができ、**経済学という学問への関心が以前より高まりました。**私が春学期受講した中では経済学が一番受けやすかったように感じます。生徒に寄り添った授業展開で文句なしの100点だと思います。本当にありがとうございました。楽しかったです。
・**他の授業に比べたら伸び伸びとできると言ったら申し訳ないもですが、気軽にできる**というところが良いです。70点
・**経済学は数字を多く使う堅苦しいイメージを持っていましたが、この講義では楽しく学ぶことが出来ました。**ありがとうございました！
・**100点!!!!です！**
・話している内容を蛍光ペンで引いてしまっていたので、**どれが本来蛍光ペンを引くべきものかわからなくなってしまっていました。（マウスポインターを映すようにして文字を追っていけばいい**と思いました。）
・米田先生は、**経済学に情熱をとても持っているということが動画を見て、伝わってきました。**なので、内容もわかりやすかったです。是非、直接会って授業を受けてみたかったです。ありがとうございました。
・100点です！とても面白い講義でした。春学期本当にお世話になりました。コロナウイルスのせいで学校に行けなくて米田先生の講義を直接聞けなかったことを残念に思っています。**また米田先生の講義を受けたいと考えているので、今後も宜しくお願い致します。**
・毎週楽しく講義を受けることができました。**先生が毎回のビデオで何時に撮っているのかを映していてこんな遅くに大変だなと思いながら見ていました。**
・100点です！授業課題共に早く表示していただけてとても助かりました！この**オンライン授業で資料だけ配布して提出した課題に一度も返信、添削してくださらなかった講師の方もいらっしゃいました。。米田先生は生徒にとても親身**になって授業を展開してくださってとても有難かったです。**どの授業も面白かったのでオンラインだったのが残念です。**春学期の授業、ありがとうございました。
・授業の内容や課題の量について履修生に意見を聞いていらっしゃり、反映もきちんとされていたので、**自分もこの授業を真面目にきちんと受けようと思えることができた**点です。また、解説や例もわかりやすく、楽しく授業を受けられました。個人的には、今学期の授業の中で一番充実した授業だと思います。
・**100ten!!! 授業の内容だけじゃなくて、先生の人間性も好きになりました！**春学期間、ありがとうございました。

・柔軟な対応、**生徒想いで優しくてそれだけでもありがたかったのですが、私的にこの授業を1番好きだと思った理由は、先生の顔を画面越しにでも見ることができたところです。先生の笑顔と楽しそうに授業をしている姿が支えになりました。**オンライン授業になる前、高校3年の12月のテスト後から自宅学習（登校なし）だった私は、友達と遊ぶ日以外はずっと家で過ごしていました。その後、コロナにより友達と遊ぶことができなくなり、そのままオンライン授業、オンラインでのインカレ活動、跡見のサークルは未だに活動を見合わせた状態、バイト先も7月までずっとなかったため、**生きる希望というと大袈裟になりますが、それくらい未来に絶望していました。今も時々夜一人でいると涙が出ます。**大学では●●●●●に入って、バイトも頑張って充実した学生生活を送りたかったのに、オンラインのせいで人とのコミュニケーションがうまく取れず、心細い気持ちと悲しい気持ちでいっぱいでした。そんななか、授業はいつも通りあって、課題もたくさん出て、さらに気分が落ち込んでいた時に、先生は課題を減らしてくれる処置をしてくれたり、メールの返信をくれたりと、**私にとって心の支えになっていました。周りの生徒も経済学の先生に支えられていたと思います。本当にありがとうございました。私は計算が苦手で、数学が苦手だったけれど、授業シラバスがなんとなく魅力的だった（恋愛の経済学）から、とった科目でした。あの時の直感を信じて履修しておいてよかった**と感じています。長くなりましたが、本当に感謝しています。伝わっていると嬉しいです。それから、授業動画を夏休みが終わるまで取っておいてくれませんか…?100点です。
・入学してから1度も学校に通わずのオンライン授業だったので不安なことはかなり多かったのですが、**この授業は安心して受けることができました。正直、全ての授業で米田先生の授業の方式でやってほしいと思うほど、とても充実した授業**でした！丁寧で分かりやすい授業をありがとうございました。
・何よりも学生の意見を一番に取り入れていて嬉しかった。オンデマンドの授業で好きな日にち・時間に受けることが出来てやりやすかった。**動画の右下に米田先生のお顔が映っていて安心したのと、実際に大学に行って講義を受けているように感じられた。**課題の返事があって安心することができた。
・100点。**米田先生の人柄がとても良いのを動画でとても感じられました。**実際に大学で講義を受けたみたかったです。**毎回毎回面白い講義をありがとうございました。**
・最初の方の導入系の講義が割と難しく感じました。後半に入ってくるととても楽しいのに、**初めの方に苦手に感じてしまうのはもったいないのかなとも思います。**
・99点！後半が特に楽しい内容でした。課題を減らしていただいた身として意見をするのはおこがましいですが、一つ上げるとするならば講義の最初の印象が難しい授業のように感じました。**正直に言うと、初めはあまりやる気が起きませんでした。**最初の部分でもう少し興味を引く内容（例えば芸能ニュースだったり、コロナのことだったり）本当に何でもいいので受講者の身の回りで起こった出来事とかを取り上げたら初めから硬い内容と感じないで、重くなく受講できると感じました。
・**就活経済学は今後の自分のためになったな**と思いました。やはり、コロナ不景気で今まで通りにはいかないかもしれないので早めの対策が必要だと感じました。私は将来就きたい仕事が決まっていなくて、正直焦っていていますぐにでも就職希望先を決めなくてはと思っていましたが、先生のおっしゃる通り、大学院に行くのも一つの手段だなと思いました。TOEICすらも受けたことがないくらい英語が苦手なので、この夏休みにまずはTOEIC勉強をしてみようと思いました。
・**先生の講義はすごくタメになるし、納得できる内容が多かったです。**サブチャンネルまで開設していただいてありがとうございます。**サブチャンネルの毎回の先生の挨拶がテンション高くて、良い意味で堅苦しくなく、楽しく学べました！このオンライン授業の中で一番先生の授業が凝っていました！一番学んでいて楽しかったです。**
・100点　先生とは直接、授業を受けたかったというのが本音です。**動画上ですが顔出しもしてくれて親近感が湧きました。**ありがとうございました。
・100点　先生の説明もわかりやすかったこと、課題の内容は取り組んでいて楽しかったです。春学期**履修した中で先生が1番優しかった**ので秋学期や後期先生の授業があればまた履修したいです。ありがとうございました。
・**簡単過ぎた点が微妙。楽だったが、単位が取得できているか心配になった。**
・80点くらいです。学生に気を配っていただいたこと、とても感謝しています。しかし、学生の負担を優先してしまったので、**もう少し厳しくしてくださっても良い**と思います。内容は、面白く、恋愛や終活など、身近なテーマでわかりやすかったです。春学期の間でしたが、ありがとうございました。
・最初は経済学の授業に抵抗がありましたが、履修生に寄り添った内容で、意欲的に参加することができました。**経済学は様々なジャンルの内容があったので、新鮮に感じました。特に就職活動について、どのように考えたら良いかなどを教えてくださりとてもためになりました。**また、質問させて頂いた際にも丁寧に対応されていて、とても嬉しく感じました。サブチャンネル動画も面白かったです。一度だけでも対面授業を受けてみたかったです・・・。オンライン授業という形でしたが、春学期間、ありがとうございました。秋学期に大学でお会い出来る日を楽しみにしております。
・90点　先生の**フレンドリーな人柄もあって、楽しく講義を受けることができました。**ありがとうございました。
・**コンサドーレ札幌のファンだった点が微妙。〇〇〇〇と恋愛の経済学面白かったです。**ありがとうございました。
・**没になった課題の動画もあって良かった**です。
・100点！他に先生方よりも学生に寄り添った授業を作ろうと頑張ってくださっていたように感じられたからです。先生の動画を**撮っている時間が深夜なことが多かったので先生の生活が心配になるほど**でした。このような状況ですので、体調を崩されませぬよう何卒ご自愛くださいませ。
・100点です。新型コロナウイルスの影響のため、オンラインで授業数も減少し10回という短い期間でしたがお世話になりました。動画でも楽しくわかりやすく授業を受講できたので、直接対面式で授業を受講したかったなと思います。また、**課題を提出しても何も反応がない先生がいたりしてちゃんと提出出来ているのか不安でしたが、毎回授業課題を提出したら「確かに拝受しました。」と返信して下さり安心できました。**さらに、課題提出させて何も解説も返信をくれない先生もいましたが動画で課題の解説もしてくださり理解を深めることが出来ました。ありがとうございました。
・講義動画が一番しっかりしていて聞いていて楽しかったです。課題を提出したときに、返信をいただけたことで、提出できたんだなと安心できました。ありがとうございます。課題についてこちらに意見を求めてくださり、助かりました。講義内での小ネタ（?）も面白くて聞きやすかったです。
・顔出し**→オレンジのウィックも楽しかったです。先生の顔は家族で共有されました（笑）大人気です。**

・サブチャン→ラフな感じで楽しかったです。先生、私は鬼滅だいすきですよ？笑
・99.9 点でお願いします。実際に授業を受けたかったです、仕方ないですが。楽しかっただろうなと思っています。春学期間、私たちのことを考え、作成し、授業を実施してくださりありがとうございました。受講してよかったです。
・100 点　先生ほど私たちの状況を理解してくれる方がいなかったのでとても感謝しています。本当にありがとうございました。
・100 点　授業もていねいでわかりやすく、先生が生徒の意見をきちんと反映してくださったので受講してよかったと思える授業でした。春学期の授業、ありがとうございました。また、機会があれば、ぜひ米田先生の授業を受講したいです。
・恋愛についての講義では先生がコスプレをして下さり、私たち生徒がどのようにしたら楽しめるのかを常に考えてくださっている事が伝わってきてとても嬉しかったです。初めての大学生活なのにも関わらず、オンライン授業になり不安の日々が続いていましたが米田先生の生徒を思いやる姿勢に心を打たれ私も前向きに授業に取り組むことが出来ました。本当にありがとうございました。
・もう 100 点の上の 120 点でした。米田先生の授業をとって本当に良かったです。ただ、お会いして授業して頂きたかったと思いました。コロナを恨みます。お世話になりました。ありがとうございました。
・きっと、話したいことたくさんあるのに、他の授業との兼ね合いで動画を短くまとめて下さり、感謝しています。また、先生の明るい声のトーンや表情を毎回写し、日付や時間を伝えて下さったことで、画面の向こうで先生がちゃんと生きて教えてくれている。ということが伝わってきました。単調な声だけ流れていたら、きっと春学期に感じていた孤独を再び感じることになったでしょう。
・面白かったです。対面で「いつも通り」受けていたら、間違いなく帰りに跡見の図書館で心理学の本を借り、電車で読んで帰ります！
・先生がたまにする「女子」の仕草は、先生として可愛くもありますが、私たち女性（これから社会に出る）が社会で求められるからかわい子ぶりなさい、ともとれてしまいました。（すみません。コロナのせいにすると、オンラインでだれとも会えず、ひねくれたのかもです。）
・毎日の更新で時間を割いてくださり、とてもありがたいことなのですが、流石に時間がありませんでした。趣味の映画も本も長期間禁止にした時がありました。にも関わらず、心だけ崩れていって、なぜか課題も終わらない状況が続いて辛かったです。そんな中でも動画を見るのは難しかった。というのが言い訳です。終わってから見たいので、取っておいていただけると嬉しいです。
・ご丁寧な講義やフィードバックをありがとうございました。この講義全体を通して、動画や文章であってもこれだけのコミュニケーションを取れると知ることができ、大変有意義な時間でした。本当にありがとうございました
・教科書を提示している一方で、強制的に購入をさせられなかったこと。全く使用しないにも関わらず、3,000 円以上する教科書を購入しなければ単位を与えないという講義もある一方で、良心的であった。
・多くの学生も役に立ったと感じたのではないかと思う。財政学を受講している生徒のみが知っているというのは、些かもったいないのではないかと感じるほど重要だった。
・100 点。距離感に大学っぽさが無くてとてもよかったです。（上手く伝わっていなければすみません）
・今まであまり受けたことのないような、授業形式だったため、とても新鮮でした!
・初めて講義動画を見たときは、ものすごく楽しそうに講義をしており自分自身もモチベーションが上がるような感じがしてこの教科を履修して良かったなと思えた。後輩や友だちなどにこの講義を進めてみたいと思いました。
・ポータルが情報過多、もう少し整理して簡略化などを行えば、さらに分かりやすくなると思います。
・「楽単だ」というイメージがかなりつくような内容だった点は微妙であった。
・この授業の良さといえば、1 番はこのように学生の意見を積極的に取り入れることだと思います。他にここまでする先生は見たことが無いため、初めは感動すらしていました。
・動画の内容、長さも適切であった。先生の動きもかわいらしくて良かった。
・米田先生の授業は他の専門科目と違い、冗長でなく、肩の力を抜いて受講できるものであったし、何より先生の明るさに元気をもらえました。本当にありがとうございます。
・1000 点!もっと早く米田先生に出会いたかったです。そして、対面で受けたかった授業です。
・先生が優しく、自分のペースで課題をこなす事ができたので 100 点を付けました。
・毎週丁寧な対応と授業内容で楽しく受講しておりました。親しみやすいお人柄で、ここまで真摯に生徒と向き合ってくださる先生は他にいないと思います。最後の授業で米田先生に教えていただくことができ、嬉しく思います。卒業しても相談させていただくことがあるかもしれません。その際はご対応いただけると嬉しいです!
・私がこの一年で受けたオンライン授業では一番よかったです。対面授業に劣らない価値のある授業でした。
・今後の人生で役に立ちそうな経験ができたように感じました。
・100 点。こんなに生徒に優しい授業は初めてでした。半年間ありがとうございました。
・就活の話から恋愛の話まで、様々な内容の講義をしてくださり、人生経験になった。また、教養を増やすことが出来た。今季受けた授業の中で圧倒的に自分にプラスになった。ありがとうございました。
・オンライン授業の中で、一番いいと思えた授業でした。また米田先生の授業を履修したいです。
・先生の顔出し動画の講義はほかにもあったのですが、どの講義も堅苦しく、正直見ていて飽きてしまうようなものが多かった中で、先生の講義は明るく、先生の表情やポーズ、しぐさに癒されながら受けることができました。
・“企業経済学”というと堅苦しいイメージがありましたが、経済学の考え方を、就職活動を例に教えてくださったので、頭にスーッと入って、堅苦しいイメージはなくなりました。
・ニュースを経済学の理論をもとに解説してくださったので、こういう視点でみることもできるのだ！と多角的に学ぶことができました。
・先生が親身になって就活の相談に乗ってくれる頼れる大人を見つけられたこと、また先生の話し方が優しくて聞いていてとても内容が入ってきやすかったことも良かった。
・初見の時は変わった先生だなと思っていましたが、回を重ねるにつれて先生の生徒に対する考え方や授業の進め方などとても生徒想いな先生だと感じました。正直この授業を取らなければ就活についてのことももう少し遅くなってからでもいいやと考えていたと思うし、下調べも甘かったと思います。先生の体験談やアドバイスのおかげでいろいろ頑張って取り組もうと思えるようになりました。私はサークルや部活に所属していないので頼れる先輩や年上の方がいません。だからこそこのような機会は本当に助かりました。おそらくこれからも ES の添削を依頼することや面接についての質問をする機会があると思います。その際はご都合が良い時に返していただけたら幸いです。
・トロッコ問題は、自分で考えた上で家族やバイト先の子の意見を聞くのが面白かったです。
・とても良い先生で分かりやすく、生徒思いの授業でした。さらに顔出しをしっかりしていて課題も考えさせられる面白い課題でした。私自身、後期の授業で一番楽しい授業でした。
・最初に動画を見たときはちょっとぶっ飛んでそうな先生だなと思っていましたが回を追うごとにつれ生徒がわかりやすいように、やりやすいようになどと生徒のことを第一に考えて授業をしてくださっているのが伝わってきました。
・35 億!あと5千万点!!（ブルゾンちえみ風に）全く経済学に興味が持てず、マネジメント学部なのに経済学を避けてきた私が経済学の本を読むようになりました。すべて米田先生の熱心な講義のおかげです、本当にありがとうございました。自分の意見を言うことが恥ずかしく、否定されたらどうしようと思って生きてきました。ここまで積極的に自分の意見を課題で出せたのははじめてです。経済学の授業でしたが、自分自身が成長できる授業でもありました。学生の個性を大切にし、それを伸ばしてくれる先生でした、受講するか悩んでいる方には是非、というか絶対受講してほしいですし、経済学を嫌いな人にこそ受けてほしいです。めちゃめちゃ大袈裟に聞こえると思いますが、私にとって米田先生の存在は救済でした。オンライン授業で大変なことが多かったと思いますが私達学生のために一生懸命頑張ってくださり本当にありがとうございました。コロナ禍が終わったらいつか必ずお会いしてお礼を言いたいです。

おわりに

「ジョジョの奇妙な冒険」の作者である**荒木飛呂彦先生**は、2003年に刊行したジョジョ第6部「ストーン・オーシャン」16巻の作者コメントで、以下のように述べています。

*マンガ編集者は普通、お昼すぎから出勤する。20数年前、ぼくが原稿を集英社に持ち込んだのは午前中だった。だが、たまたまひとりだけ出勤していて、その人に原稿を見てもらった。彼は『ジョジョ』の初代編集者であり、彼の意見と影響はあまりにも大きい。午後に行っていれば、***きっと違う編集者で、その人の影響を受け、違う作品になっていた***だろう。*
「運命」とは偶然ではなく理由がある。*『ジョジョ』の中では、この考え方をとる。科学的には証明できないかもしれないが感覚がそうだと言っているのだから。*

ほんの少しの違いで「**運命**」の歯車って変わるものです。私達の日常生活で「運命」は、若干大袈裟ですが、「**縁**」とすればどうでしょうか？意図せず座った席の隣の人、何気なく誘われて履修した講義、たまたま手に取って読んだ書籍。身の回りのいたるところに「縁」はあり、ほんの小さな何気ない選択で、良くも悪くも、人生は影響されるものです。

小職も「縁」あって講義を担当させて頂けたこと、本書を執筆する機会を頂戴したことで、**多くの出逢いと影響**がありました。**講義と執筆に関連して出逢った全ての学生の皆さま、**先生方、教務課ご一同様、出版社の方々に**心より感謝**申し上げます。そして何より、いま、この本を読んでくださっている諸兄姉！**本書が諸兄姉のお役に立ち、無事内定を獲得することを心より祈念します。**

きっと、色々なこと**一つ一つに理由があって、それは何らかの導き**なのだと信じて。

2021年2月16日　米田 泰隆

米田 泰隆（よねた やすたか）

北海道千歳市出身。1980年生まれ。学位は、一橋大学修士（経済学）、一橋大学博士課程単位取得済にて休学中。職歴は、東京国税局、財務省財務総合政策研究所、内閣府経済社会総合研究所等を経て、現在は、国税庁長官官房企画課。教歴は、一橋大学、東京農業大学、文京学院大学、跡見学園女子大学、昭和女子大学及び東京成徳大学にて講師等を務めている。大教室を満杯にする白熱授業を展開、常に学生ファーストの姿勢は絶大な支持を集める。

専門は、財政学、政府統計分析、個票分析等。主な論文は、以下のとおり。

2021年　「2000年代の日本経済における住宅ローンの金利の分析―FISIMの観点から―」
「跡見学園女子大学マネジメント学部紀要」forthcoming，跡見学園女子大学．※単著
https://atomi.repo.nii.ac.jp/

2019年　「四半期別一般政府収支の推計手法の開発―IMF「SDDSプラス」への対応に向けて―」
「季刊国民経済計算」，内閣府経済社会総合研究所．※単著
http://www.esri.go.jp/jp/archive/snaq/snaq165/snaq165_c.pdf

2018年　"The Discrepancy Between the Household Saving Rates in Micro and Macro Statistics: An Adjustment Method"
"Public Policy Review", Policy Research Institute, Ministry of Finance JAPAN.※Takashi Unayama氏と共著
https://www.mof.go.jp/english/pri/publication/pp_review/ppr14_04_10.pdf

2018年　「高齢者の貯蓄の実態―『全国消費実態調査』の個票による分析―」
「フィナンシャル・レビュー」，財務省財務総合政策研究所．※中澤正彦氏・菊田和晃氏と共著
https://www.mof.go.jp/pri/publication/financial_review/fr_list7/r134/r134_08.pdf

2017年　「中国における幸福感とは何か？―中国総合社会調査（CGSS）および日本版総合的社会調査（JGSS）のミクロデータを用いた分析―」
「中国経済経営研究」，中国経済経営学会．※黎輸丹氏と共著
http://www.jacem.org/pdf/ecomana/em02_18_37_yoneda.pdf

2017年　"A Quantitative Analysis for Projections of Japan's Public Assistance:
"Longevity" and "Decrease the premium payment ratio for the National Pension""
「Hermes-IR」（日本経済政策学会発表論文），一橋大学．※単著
https://hermes-ir.lib.hit-u.ac.jp/hermes/ir/re/30523/

2015年　「平均余命の伸長と社会保障の長期推計：長寿化による財政再建」
「KIER Discussion Paper Series」，京都大学経済研究所．※中沢伸彦氏・中澤正彦氏・佐藤潤一氏・酒井才介氏と共著
https://www.kier.kyoto-u.ac.jp/DP/DP1503.pdf

2014年　「金融市場に対する非伝統的な金融緩和政策の影響－日米英の中央銀行の国債買入政策に関する分析－」
「PRI Discussion Paper Series」，財務省財務総合政策研究所．※磯部昌吾氏・中澤正彦氏と共著
https://warp.da.ndl.go.jp/info:ndljp/pid/11247618/www.mof.go.jp/pri/research/discussion_paper/ron260.pdf

2014年　「国民生活基礎調査の個票データによる所得税収変動要因等の定量的分析」
「フィナンシャル・レビュー」，財務省財務総合政策研究所※中澤正彦氏・松田和也氏と共著
https://warp.da.ndl.go.jp/info:ndljp/pid/11217434/www.mof.go.jp/pri/publication/financial_review/fr_list6/r117/r117_04.pdf

2014年　「日本の財政運営において必要とされる収支調整幅の量的分析」
「フィナンシャル・レビュー」，財務省財務総合政策研究所．※上田淳二氏・太田勲氏と共著
https://warp.da.ndl.go.jp/info:ndljp/pid/11217434/www.mof.go.jp/pri/publication/financial_review/fr_list6/r117/r117_01.pdf

2013年　「1990年代以降の所得税収変動要因についての定量的分析―国民生活基礎調査の個票データを用いたマイクロ・シミュレーション―」
「ファイナンス」，財務省．※単著
https://warp.da.ndl.go.jp/info:ndljp/pid/10248500/www.mof.go.jp/pri/research/special_report/f01_2013_06.pdf

就活経済学

社会人必須な経済学エッセンスをイメージで掴みオンライン面接でも慌てない就活生になる本。

2021（令和３）年２月16日　第１版第１刷発行

著　　者　米田 泰隆
発 行 者　一般社団法人東京農業大学出版会
代表理事　進士 五十八
〒156-8502　世田谷区桜丘１-１-１
Tel 03-5477-2666　Fax 03-5477-2747
http://nodai.ac.jp
E-mail　shuppan@nodai.ac.jp

印刷／共立印刷株式会社　202101 09そ
ISBN 978-4-88694-501-3　C3033　¥1,200E